쉬운 EASY 베스트 재즈 소곡집

일신서적출판사

CONTENTS

베스트 연주곡

꼬마 벌

작사자 미상
독일 동요

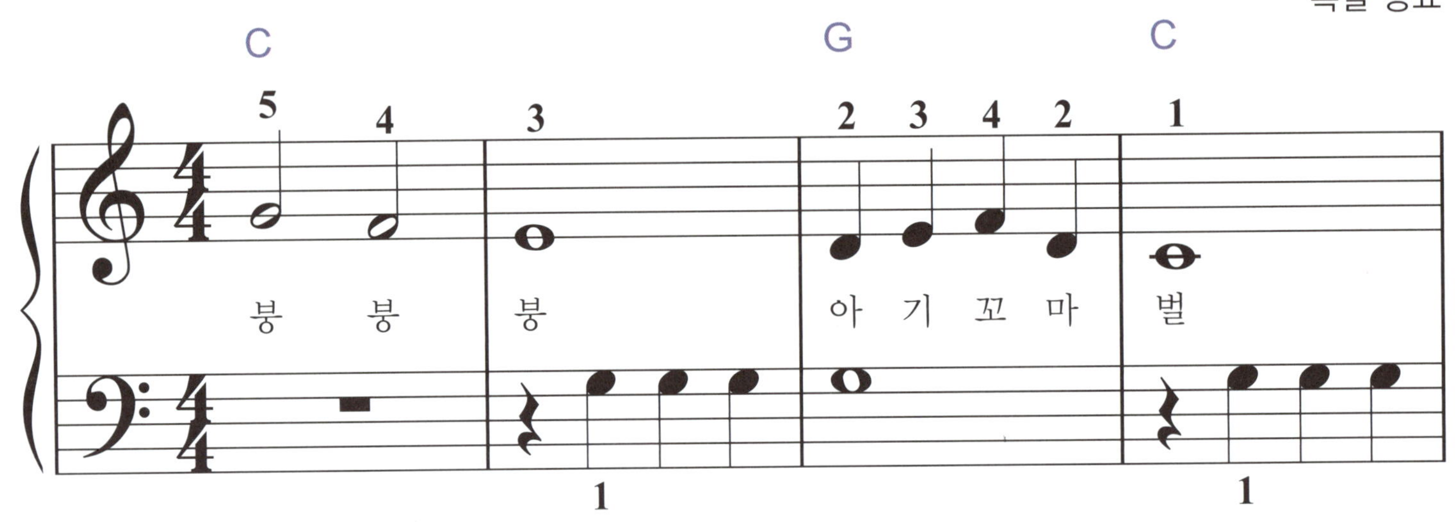

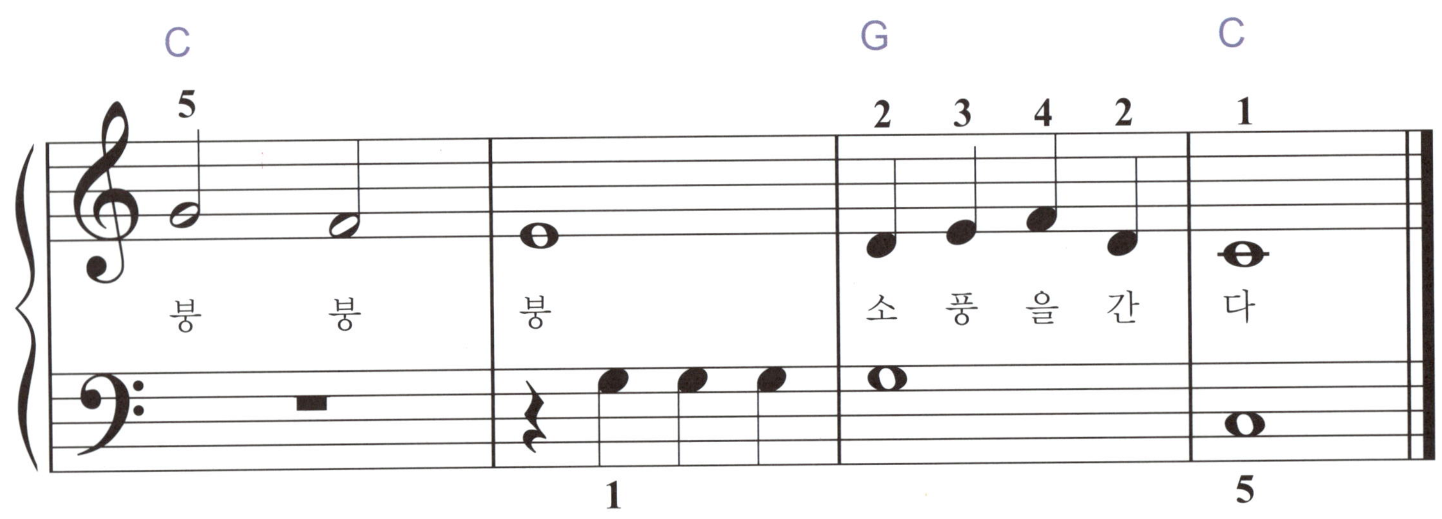

잘잘잘

전래 동요

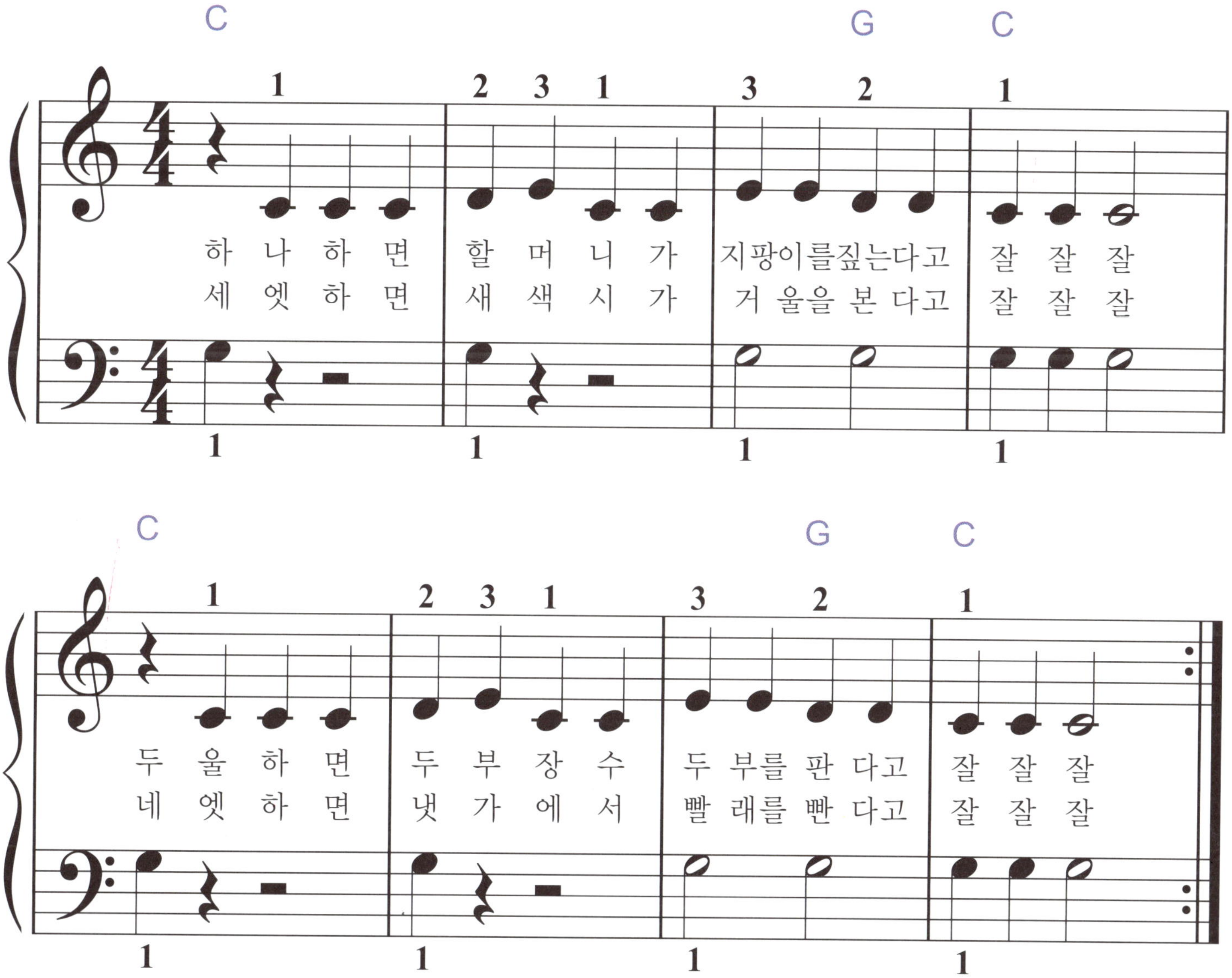

C G C

1 2 3 1 3 2 1

하 나 하 면 할 머 니 가 지팡이를짚는다고 잘 잘 잘
세 엣 하 면 새 색 시 가 거 울을 본 다고 잘 잘 잘

1 1 1 1

거미
외국 곡
C G C
거 미 가 줄 을 타 고 올 라 갑 니 다
C G C
비 가 – 오 면 부 서 집 니 다
C G C
거 미 가 줄 을 타 고 내 려 옵 니 다

나비야

작사자 미상
독일 동요

잉잉잉

3

김성균 작사, 작곡

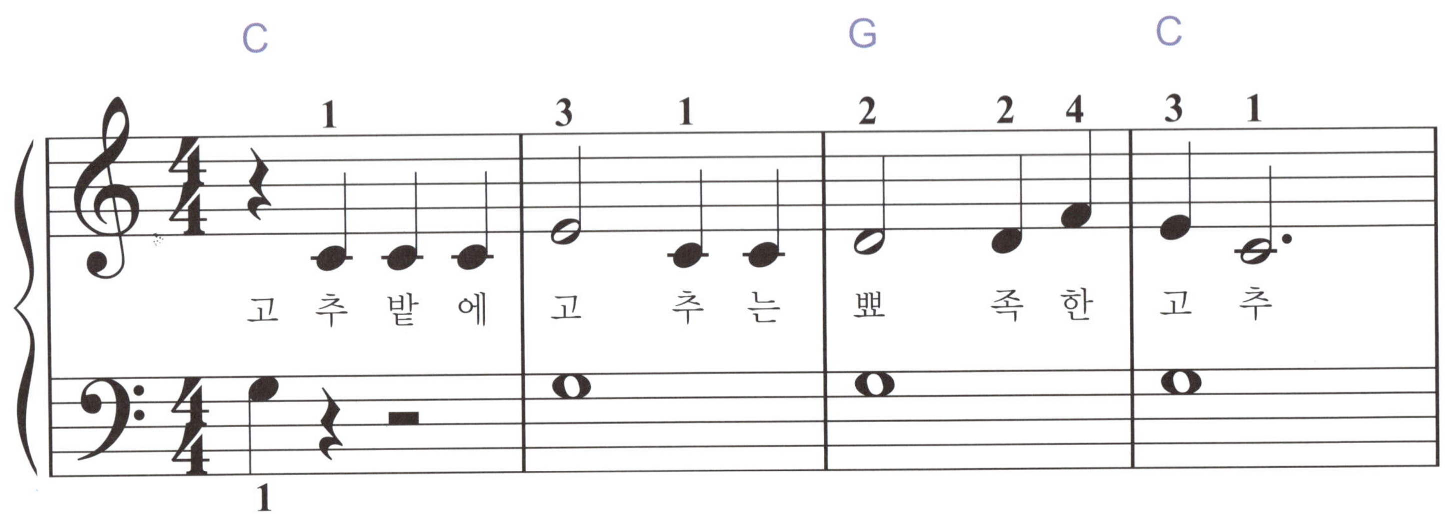

C G C
1 3 1 2 2 4 3 1
고 추 밭 에 고 추 는 뾰 족 한 고 추
1

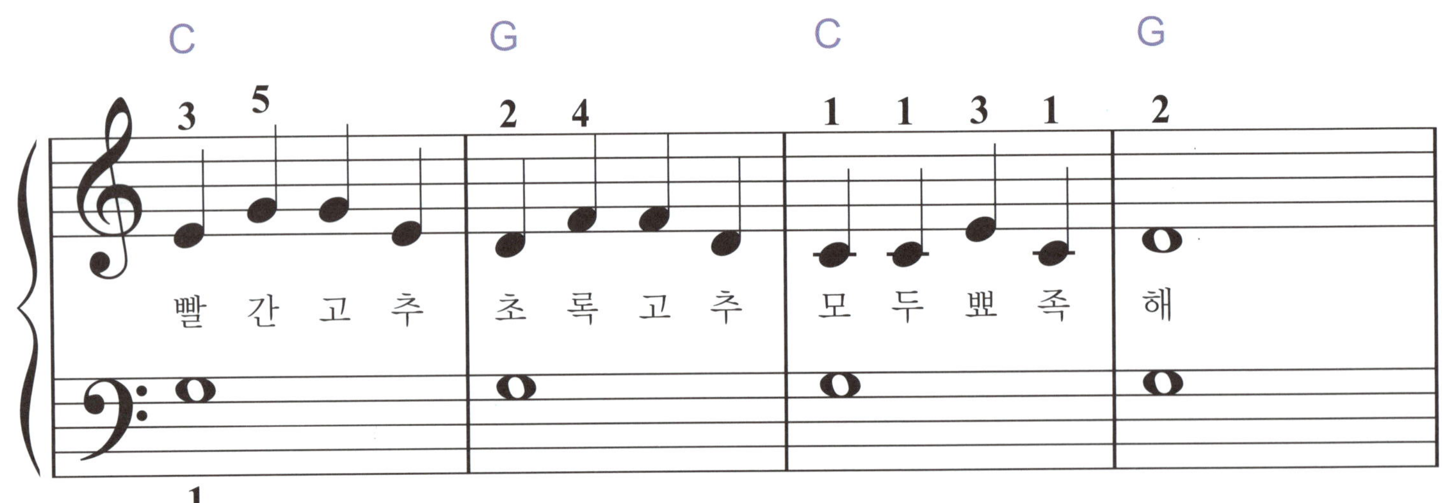

C G C G
3 5 2 4 1 1 3 1 2
빨 간 고 추 초 록 고 추 모 두 뾰 족 해
1

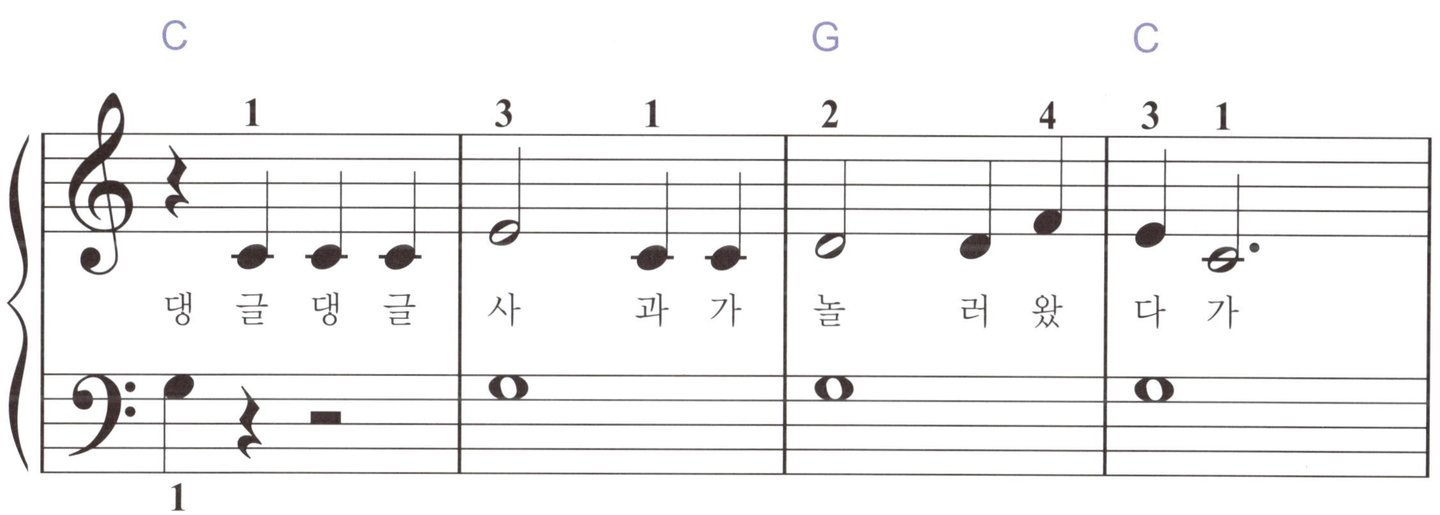

C
G
C
1
3
1
2
4
3
1
댕 글 댕 글
사 과 가
놀 러 왔
다 가
1

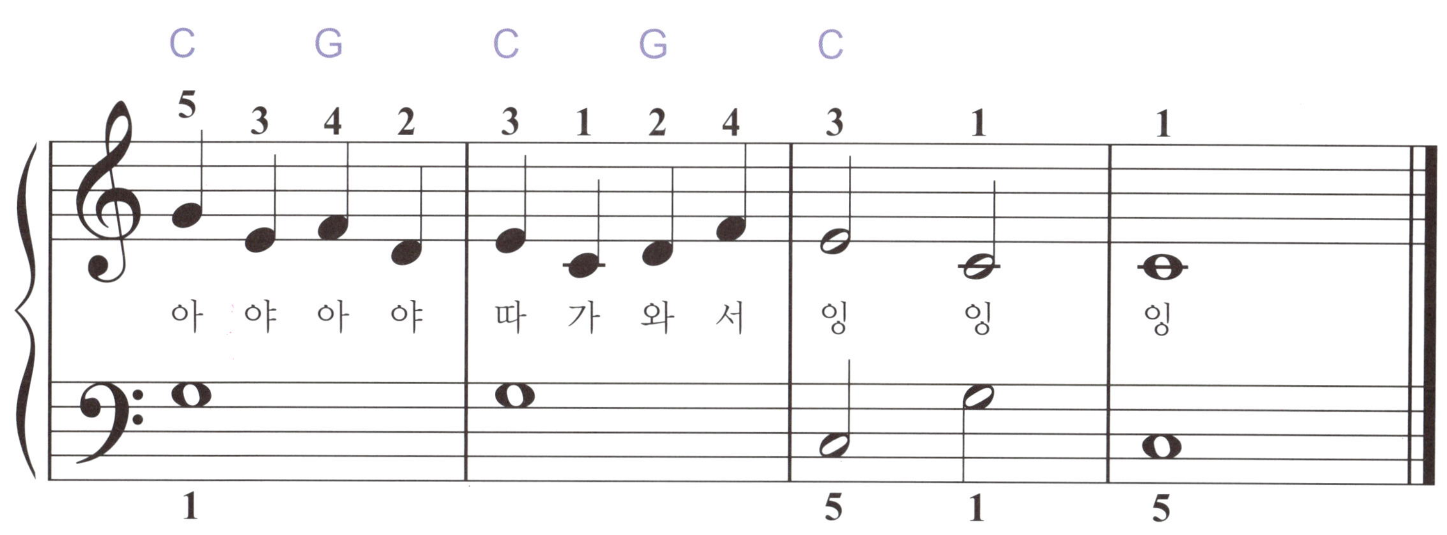

C
G
C
G
C
5
3
4
2
3
1
2
4
3
1
1
아 야 아 야
따 가 와 서
잉 잉
잉
1
5
1
5

딱따구리

김성균 작사, 작곡

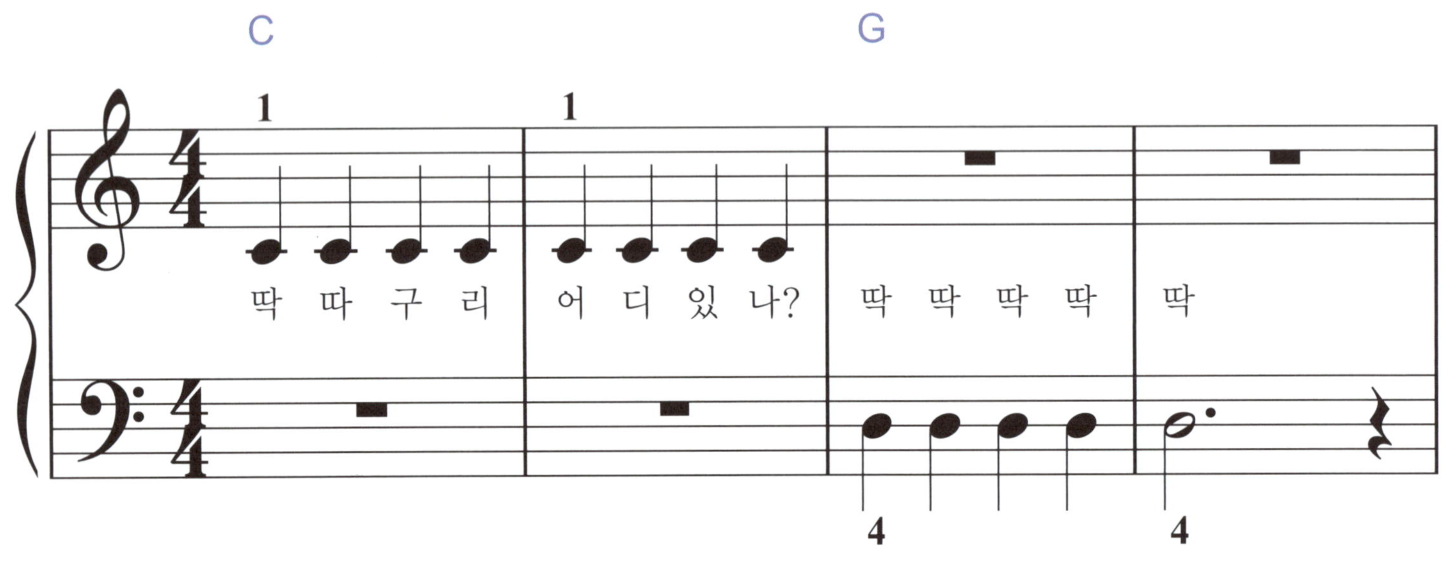

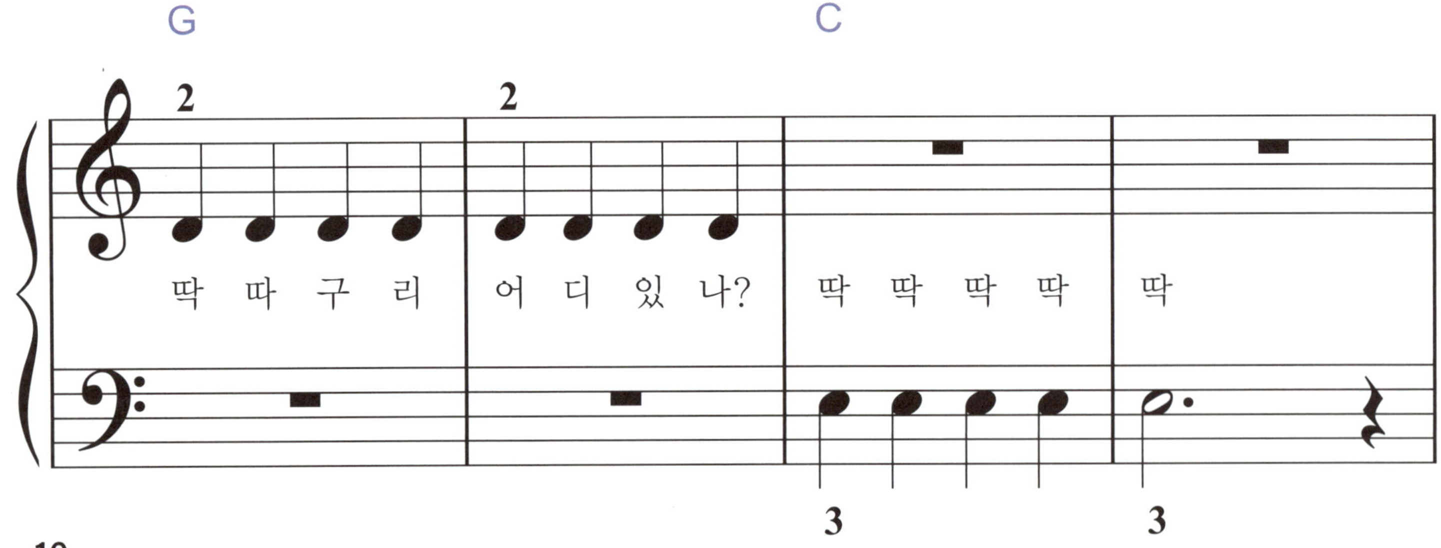

C
G
C
3
4
5
4
3
2
1
딱 따 구 리
포 도 속 에
숨 어 있 어
요
5
1
5
1
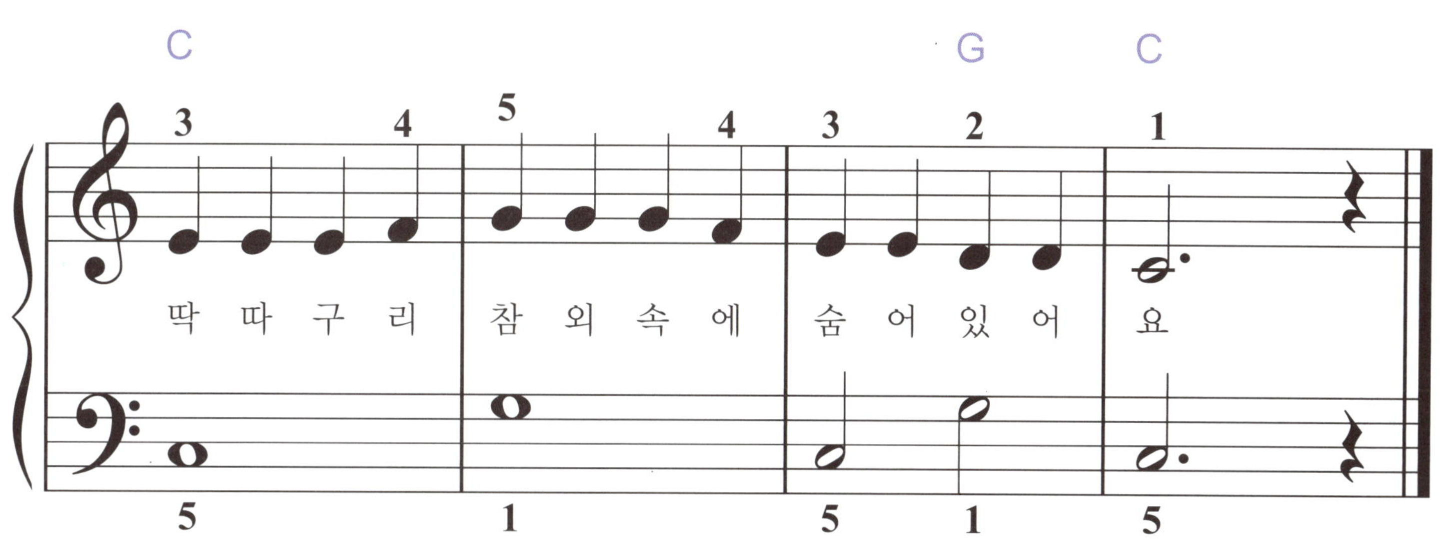
C
G
C
3
4
5
4
3
2
1
딱 따 구 리
참 외 속 에
숨 어 있 어
요
5
1
5
1
5

올라가는 눈

작사, 작곡 미상

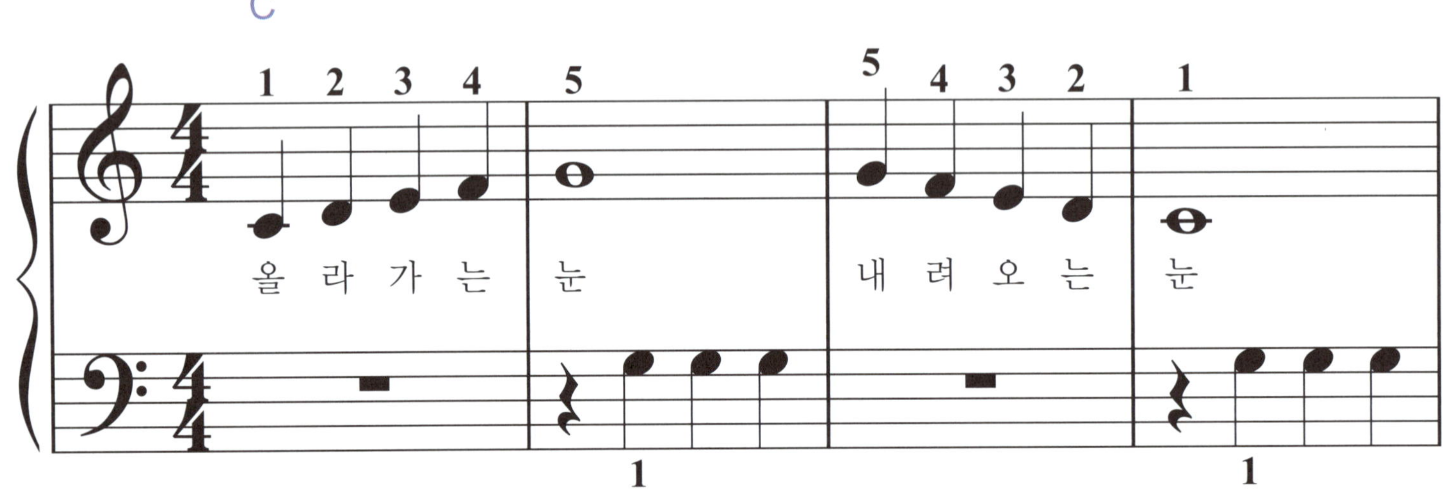

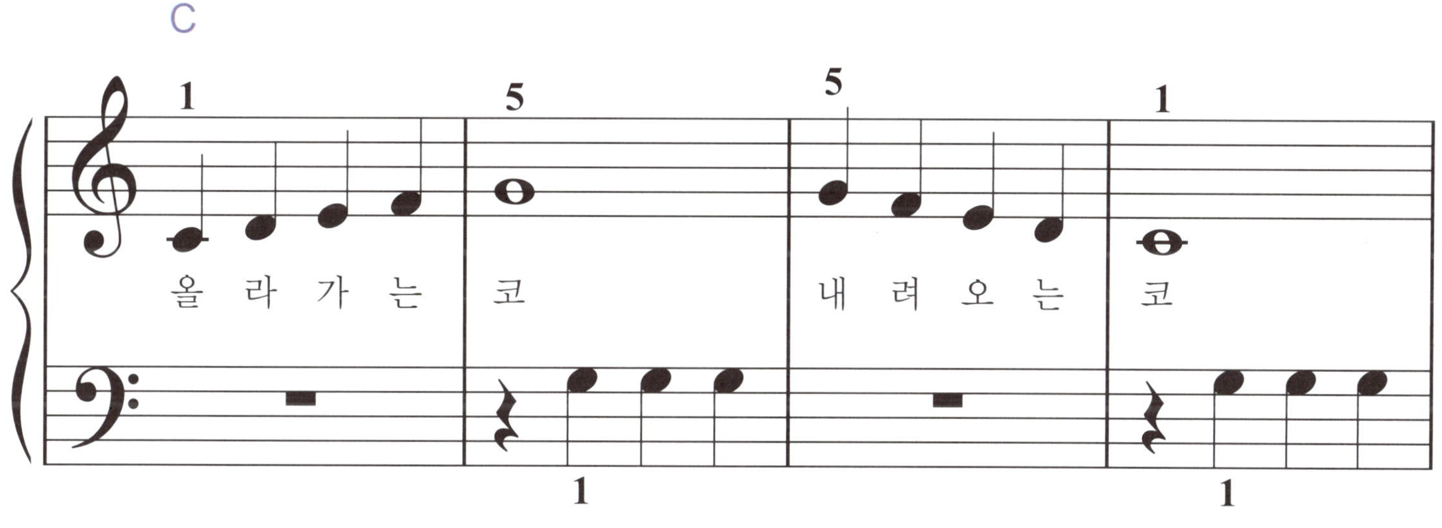
C
1 5 5 1
올 라 가 는 코 내 려 오 는 코
1 1

G7 C
2 2 4 1 3 1
뱅 글 뱅 글 돌 – 려 서 돼 지 코
2 1 5 3 5

개구리
김성균 작사, 작곡
C
엄 마 개 구 리 가 노 래 부 른 다
C
꽥 꽥 꽥 꽥 꽥 꽥 꽥 꽥 꽥 꽥 꽥 꽥
C G7
이 야 이 야 오 이 야 이 야 오
C G C
이 야 이 야 이 야 이 야 이 야 이 야 오

열 꼬마 인디언

미국 동요

C
한 꼬마 두 꼬마 세 꼬마 인디언
G7
네 꼬마 다섯 꼬마 여섯 꼬마 인디언
C
일곱 꼬마 여덟 꼬마 아홉 꼬마 인디언
C G C
열 꼬마 인디언 보이 -

작은 별

W. A. 모차르트 작곡

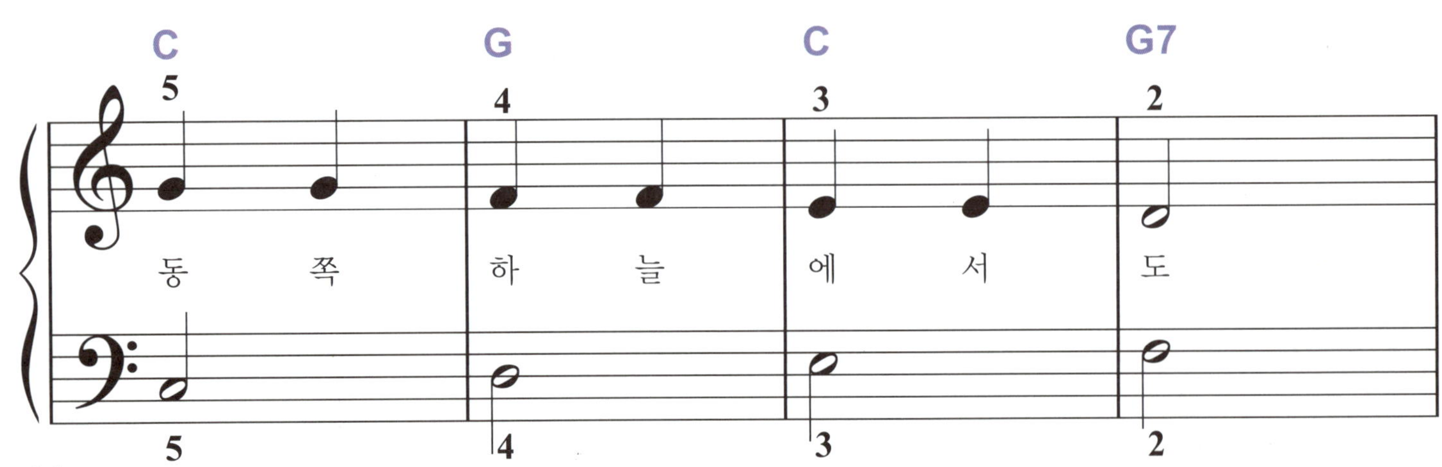

C G C G
5 4 3 2
서 쪽 하 늘 에 서 도
5 4 3 2
C F C
1 4 5 4
반 짝 반 짝 작 은 별
5 3 2 3
G7 C G C
3 2 1 2 1
아 름 답 게 비 치 네
2 1 5

징글벨

J. 피어폰트 작곡

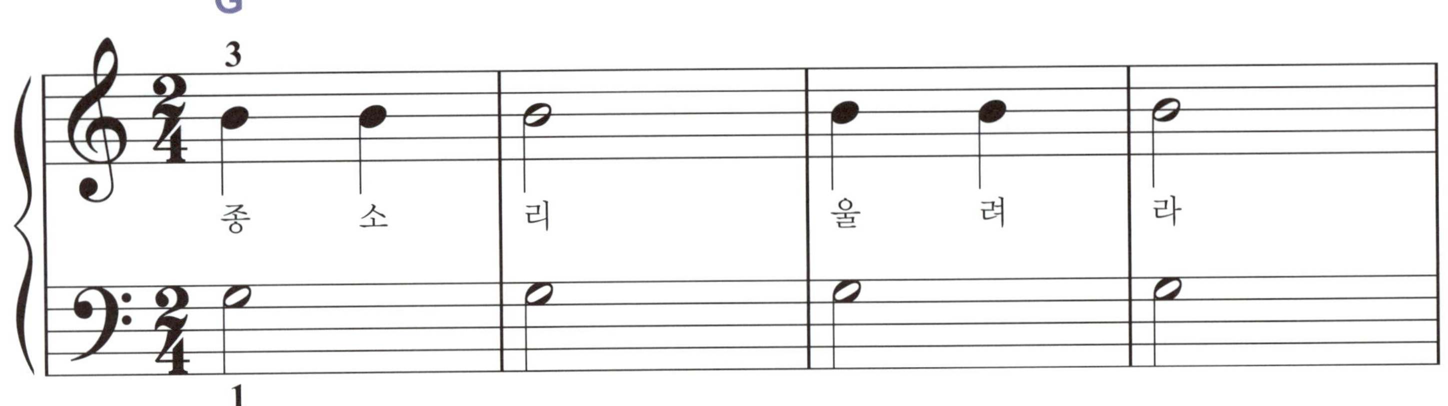
G
3
종 소 리 울 려 라
1

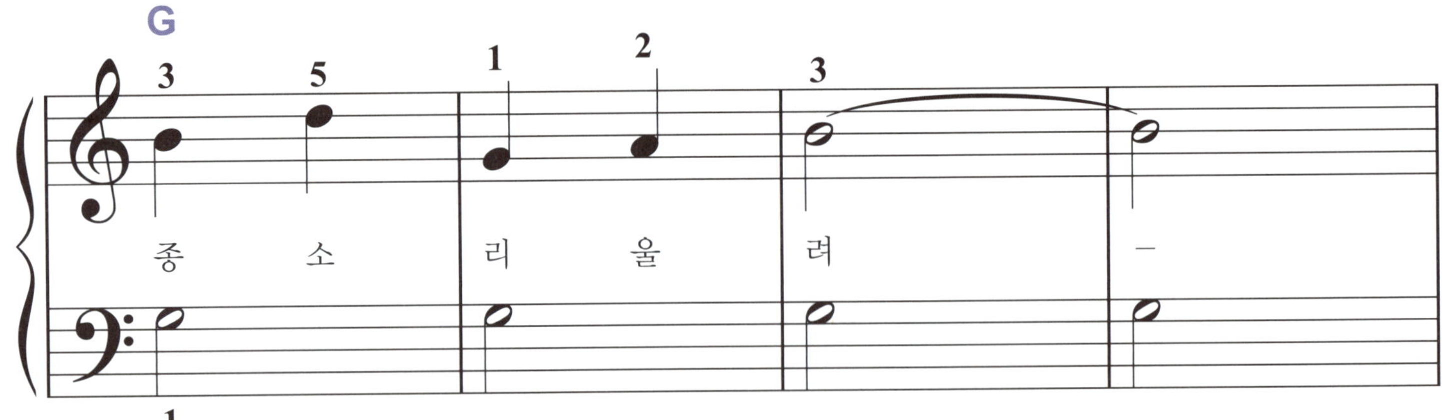
G
3 5 1 2 3
종 소 리 울 려 –
1

C G
4 4 3
우 리 썰 매 빨 리 달 려
5 1

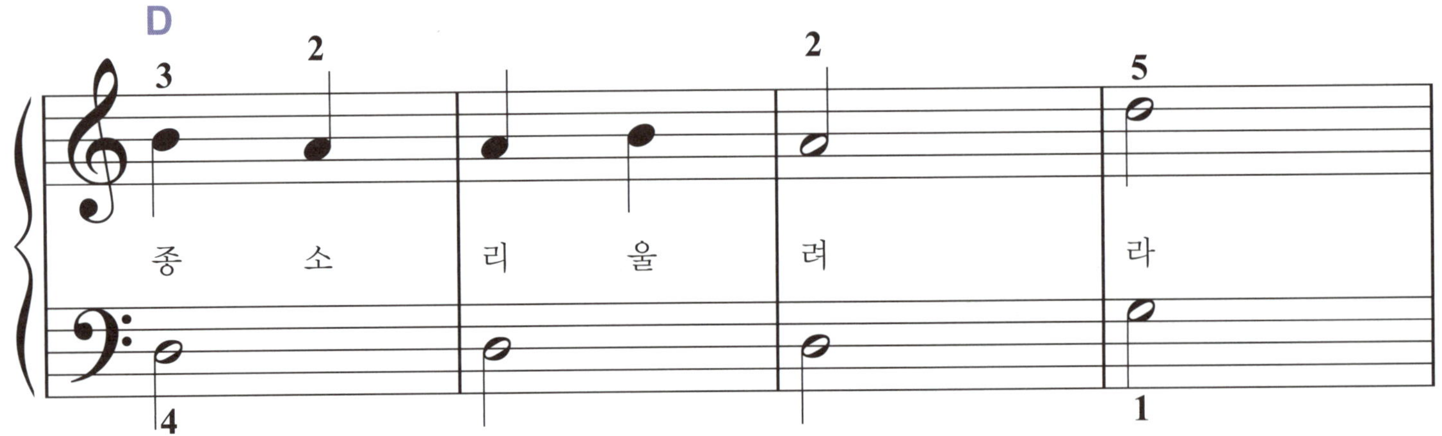
D
3 2 2 5
종 소 리 울 려 라
4 1

G
3
종 소 리 울 려 라
1
G
3 5 1 2 3
종 소 리 울 려 –
1
C G
4 4 3
기 쁜 노 래 부 르 면 서
5 1
D G
5 4 2 1
빨 리 달 리 자 –
4 1

이에이에오

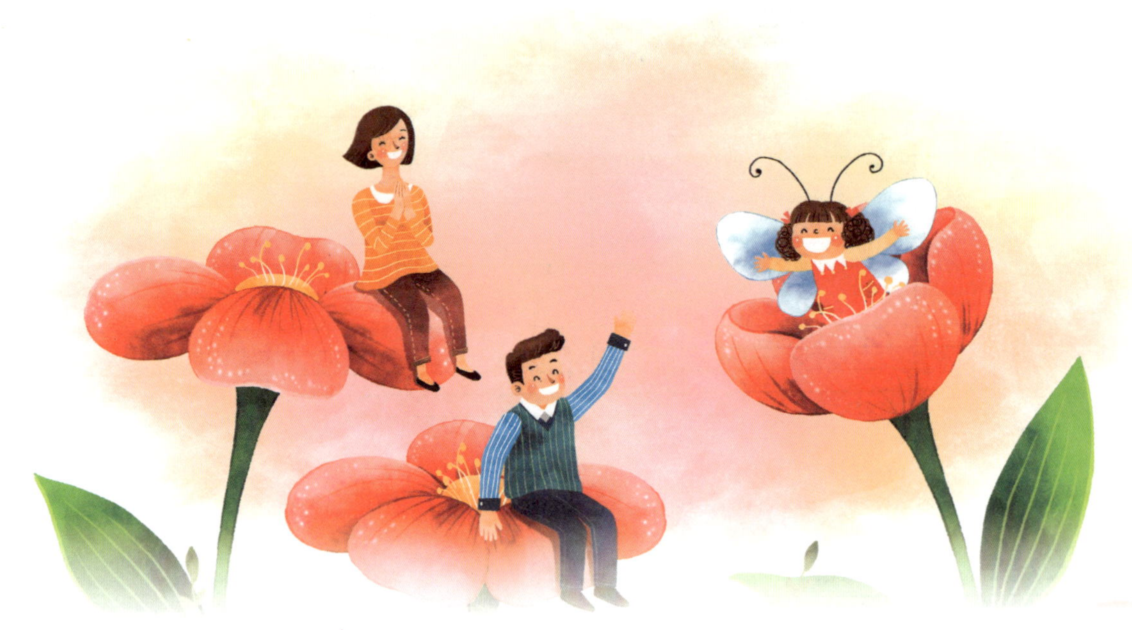

미국 동요

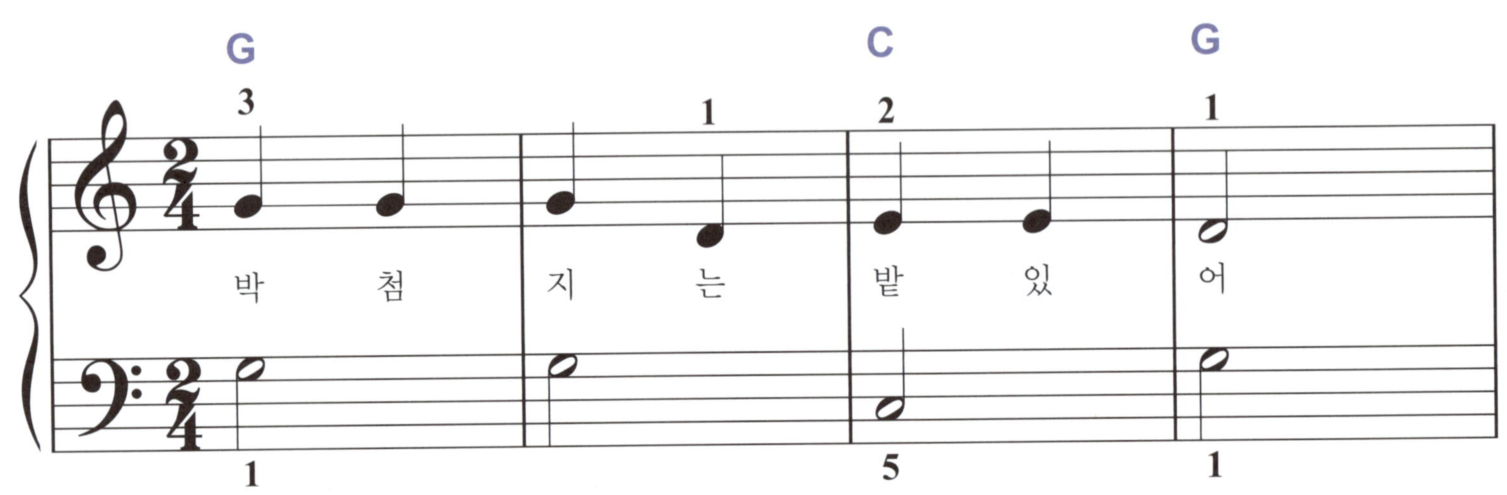
G
C
G
3
1
2
1
박
첨
지
는
밭
있
어
1
5
1

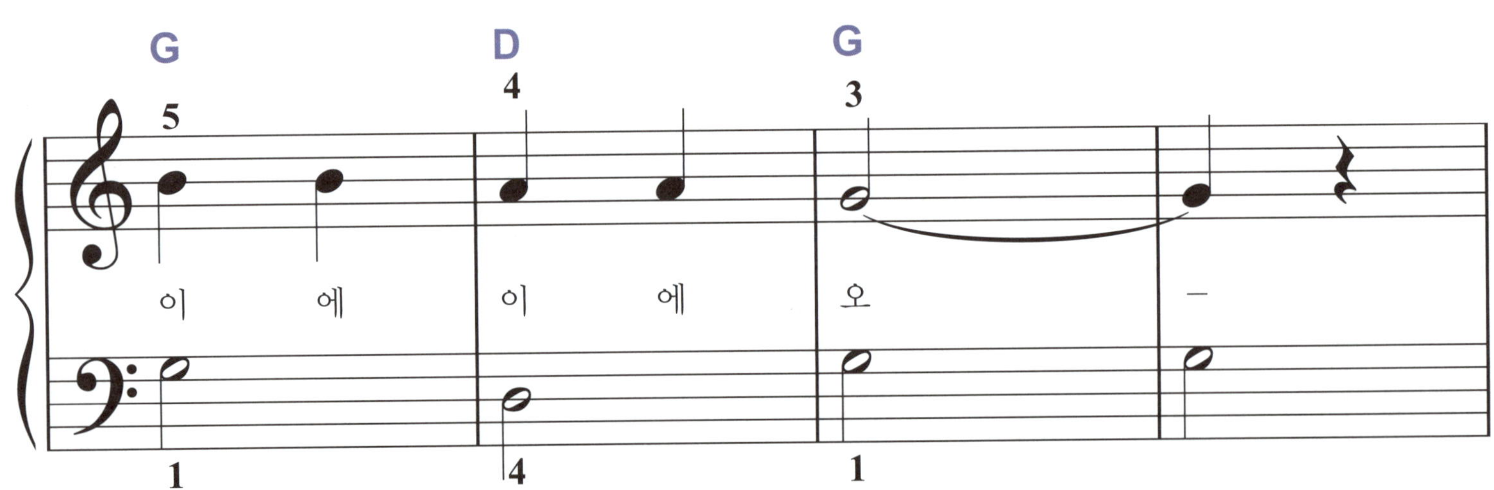
G
D
G
5
4
3
이
에
이
에
오
–
1
4
1

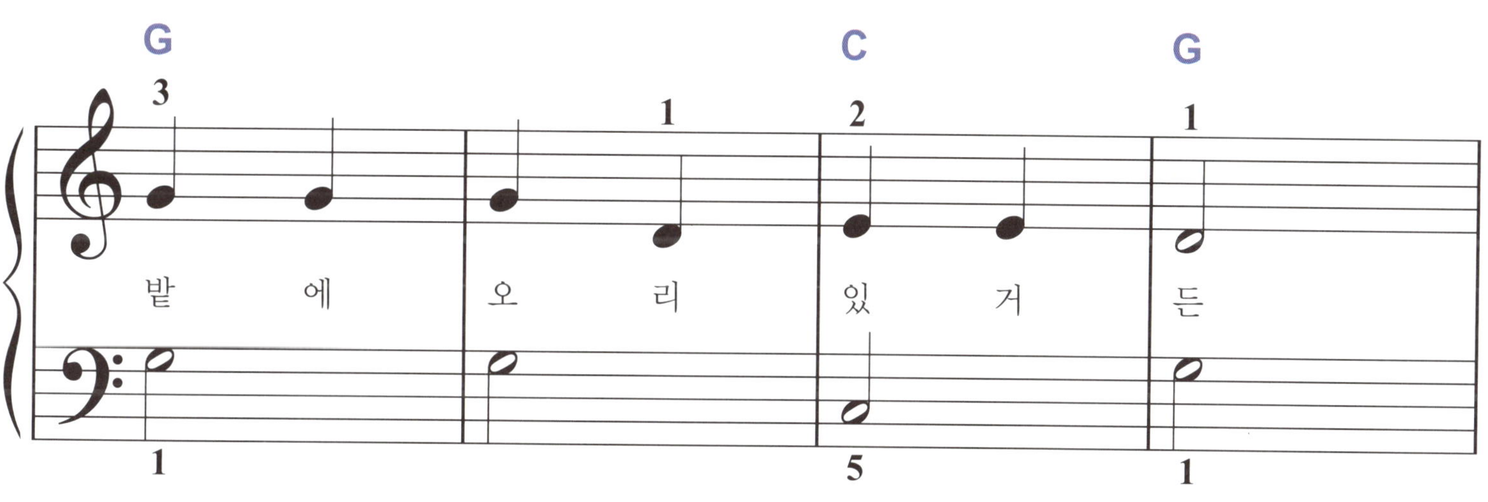

G
C
G
3
1
2
1
밭
에
오
리
있
거
든
1
5
1

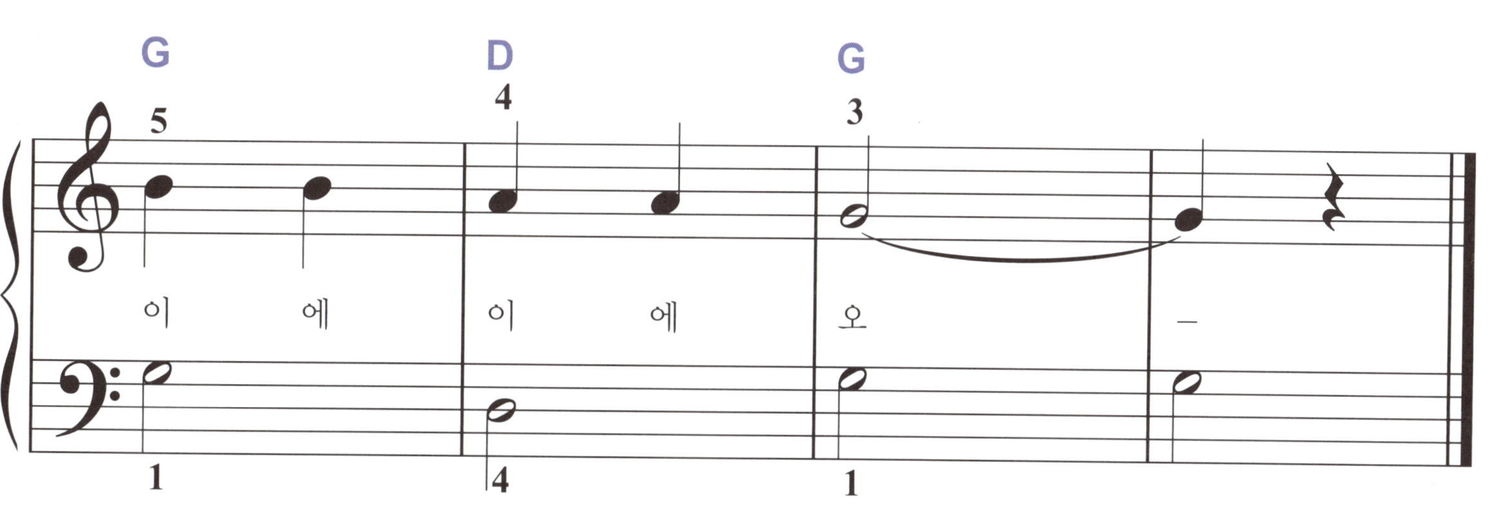

G
D
G
5
4
3
이
에
이
에
오
–
1
4
1

내가 찾는 아이

최성원 작사, 작곡

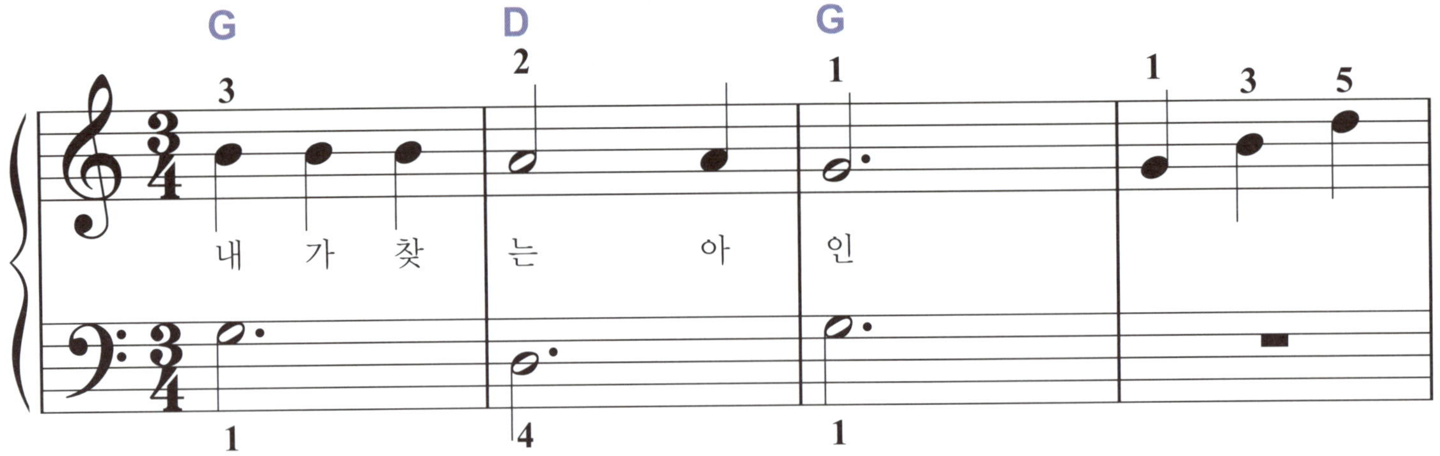

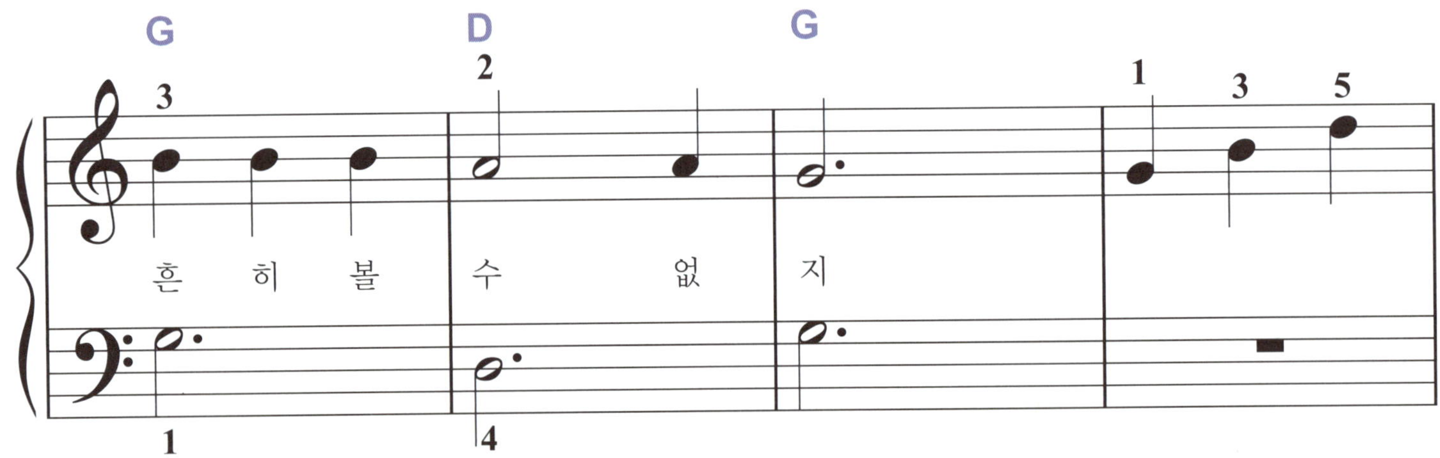

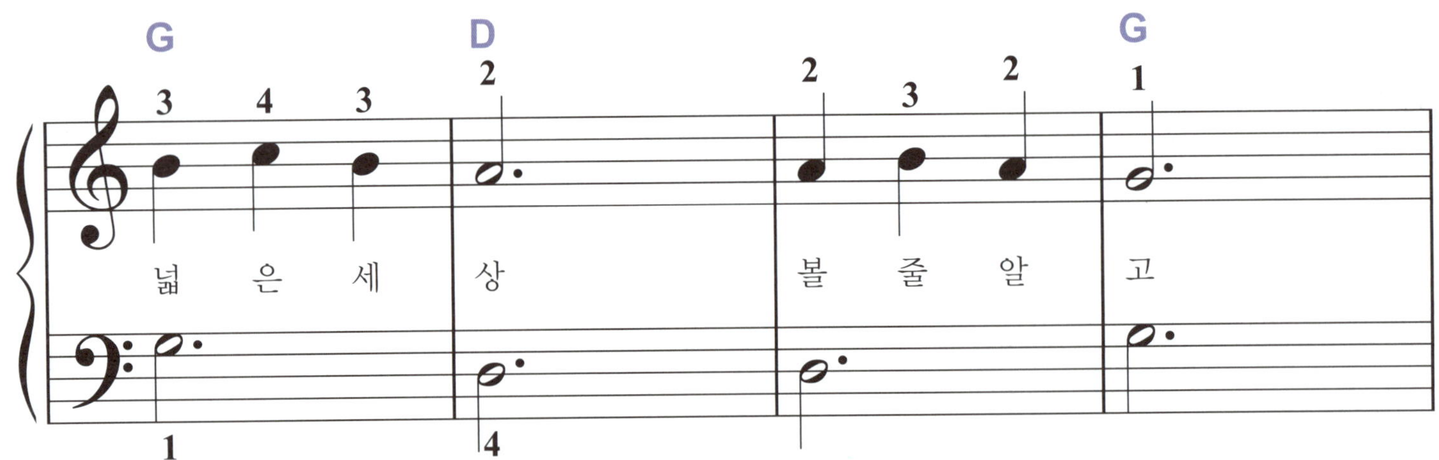

G
D
G
작 은 풀 잎
사 랑 하
는 — —
C
G
D
G
워
워
흔 히 없
지 — —
C
G
D
G
예
예
볼 수 없
지

잠자다 깨어난 인형

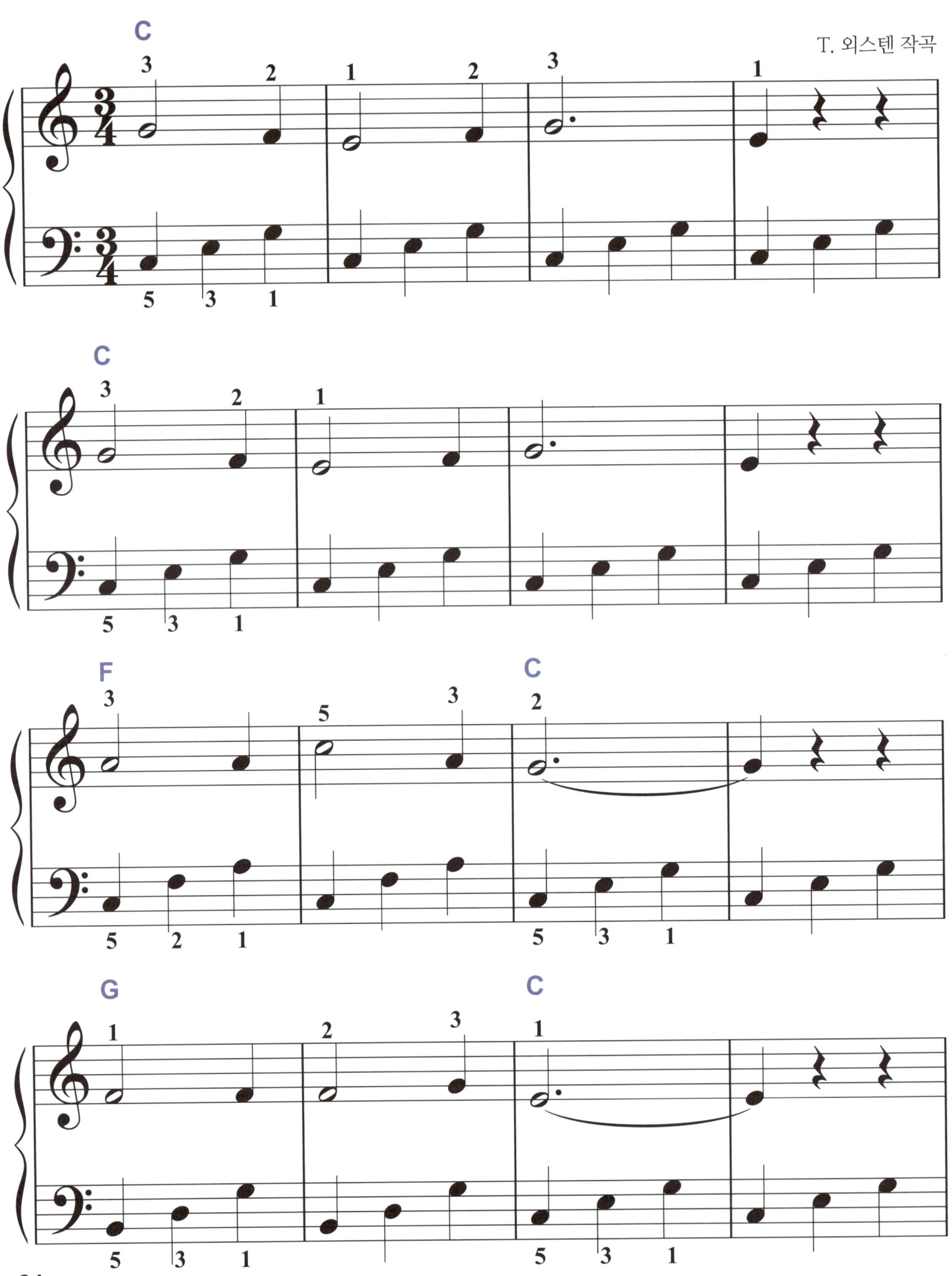
T. 외스텐 작곡
C
C
F
C
G
C

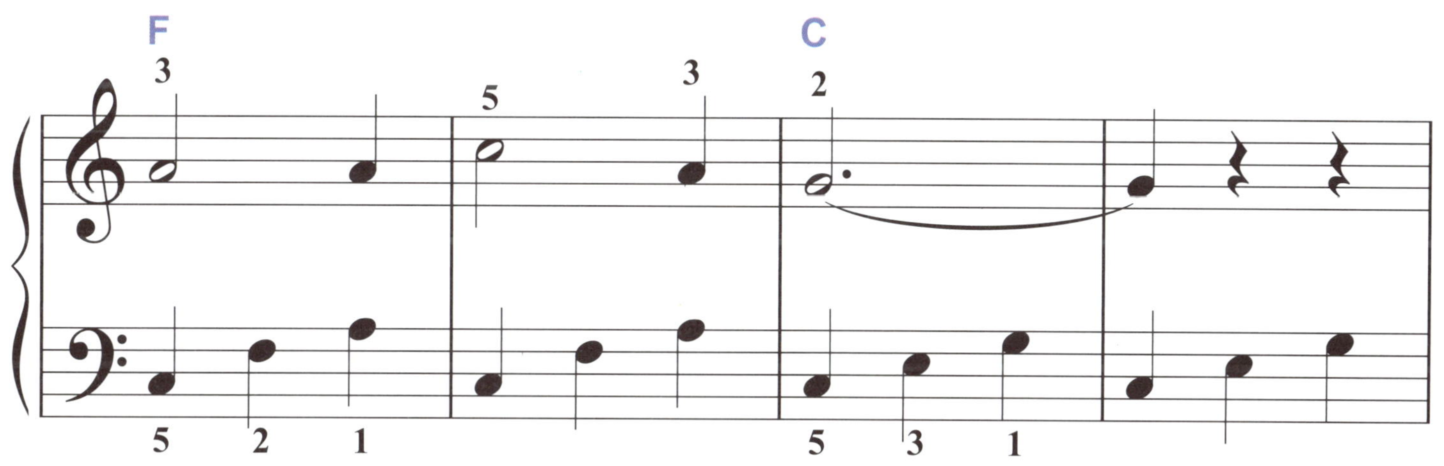
F
C
3
5
3
2
5
2
1
5
3
1

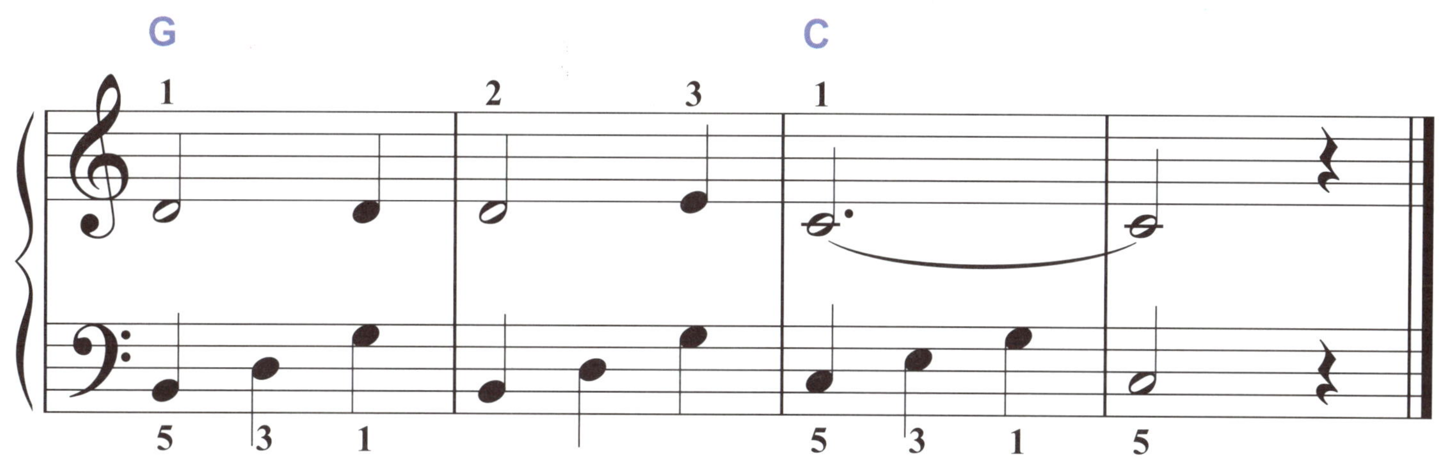
G
C
1
2
3
1
5
3
1
5
3
1
5

아침

E. 그리그 작곡

C
5 3 2 1 2 3 5 3 2 1 2 3
아 침 해 뜹 니 다 아 침 해 뜹 니 다
5 1 5 1

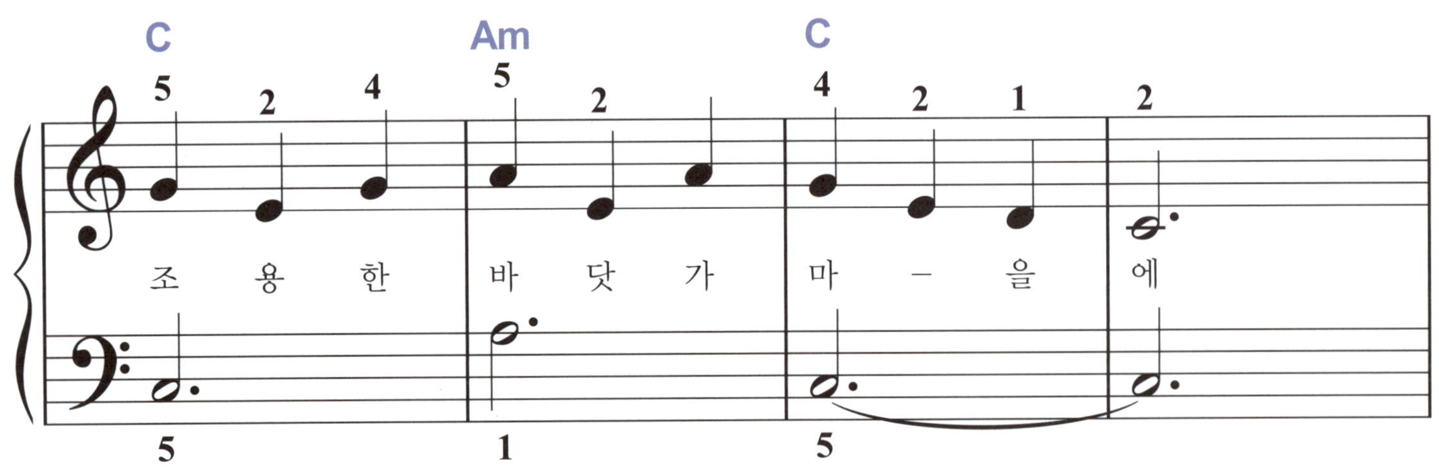
C Am C
5 2 4 5 2 4 2 1 2
조 용 한 바 닷 가 마 – 을 에
5 1 5

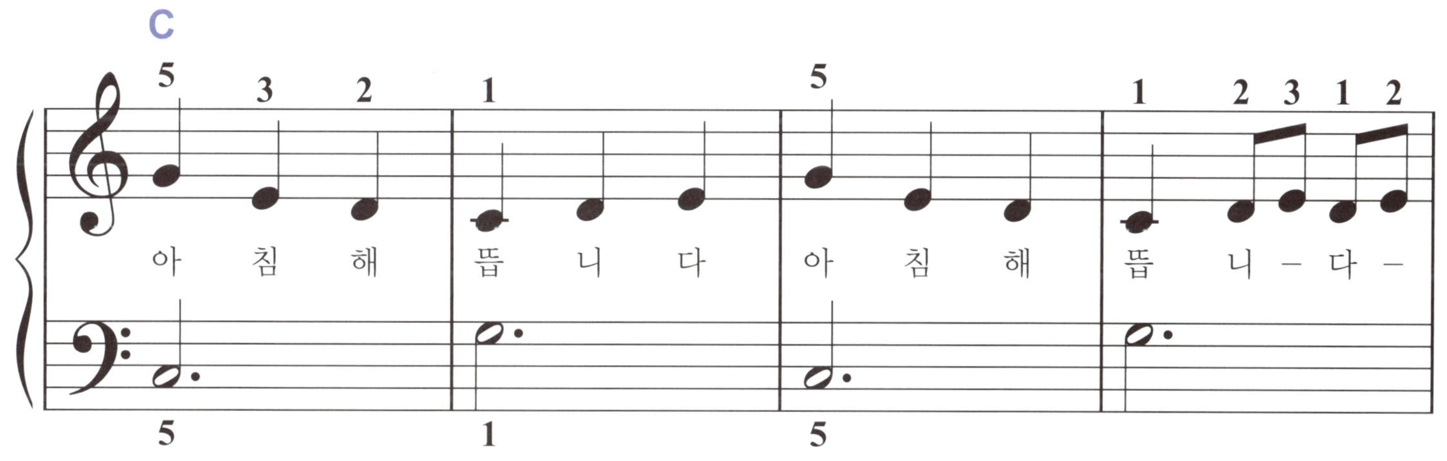
C
5 3 2 1 5 1 2 3 1 2
아 침 해 뜹 니 다 아 침 해 뜹 니 – 다 –
5 1 5

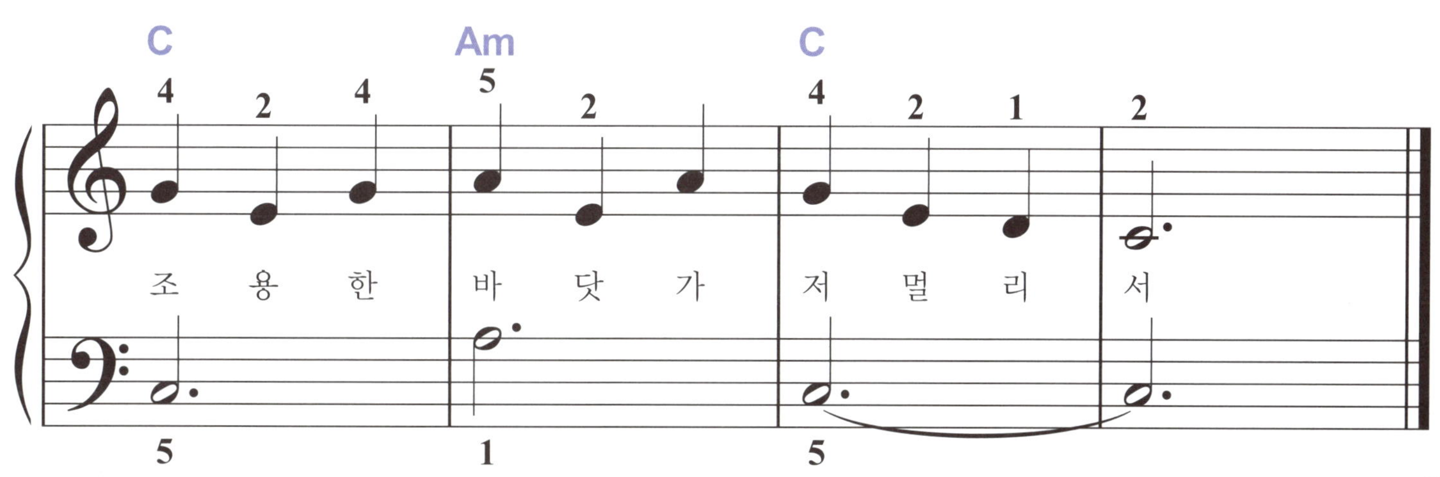
C Am C
4 2 4 5 2 4 2 1 2
조 용 한 바 닷 가 저 멀 리 서
5 1 5

오라 리

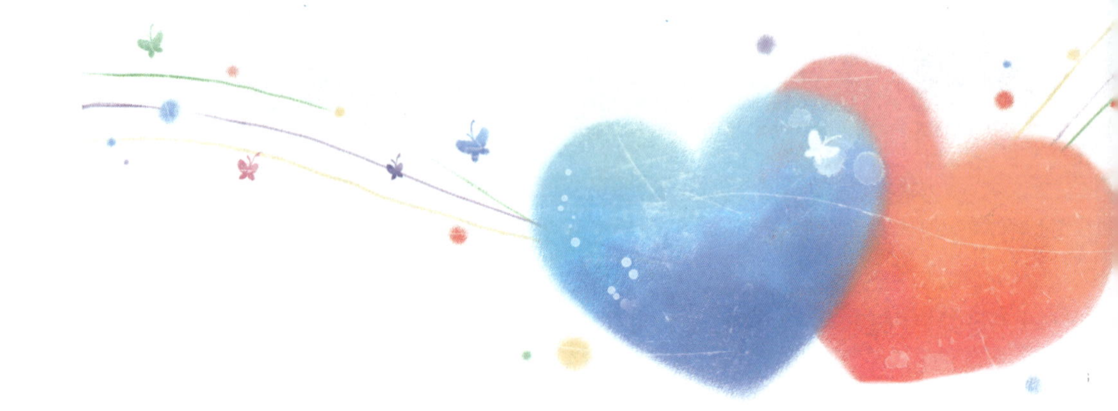

외국 곡

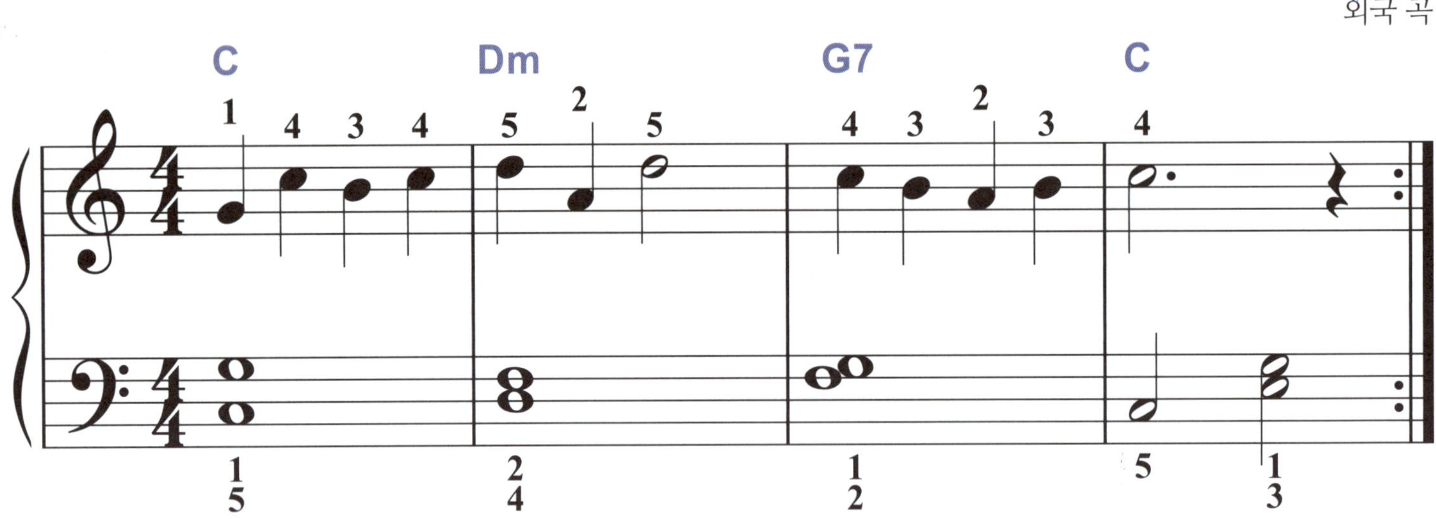
C
Dm
G7
C

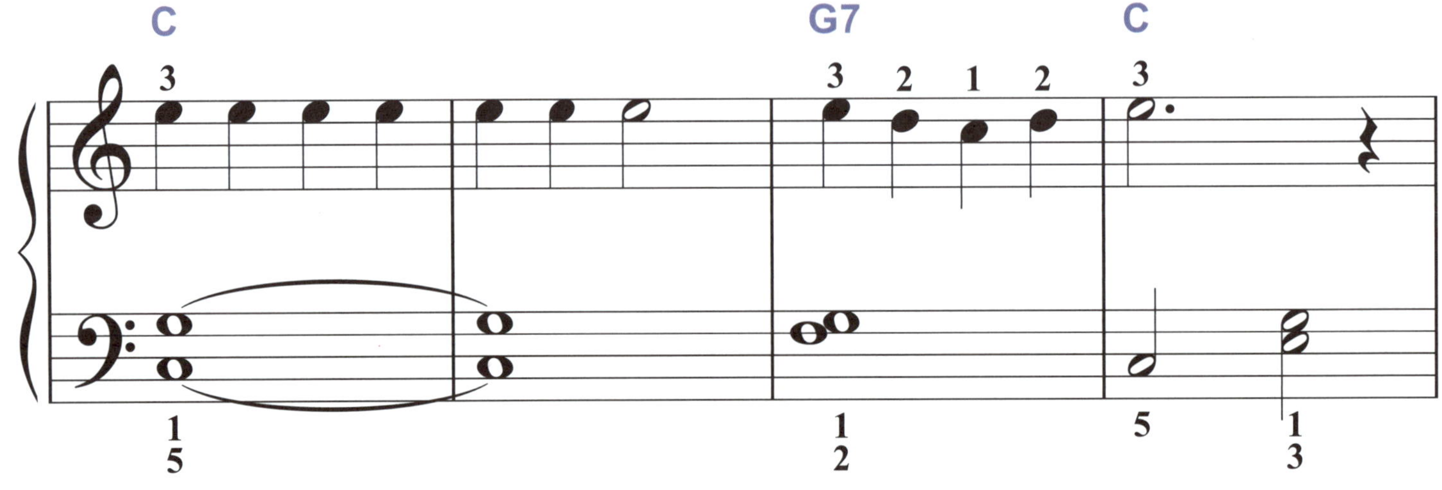
C
G7
C

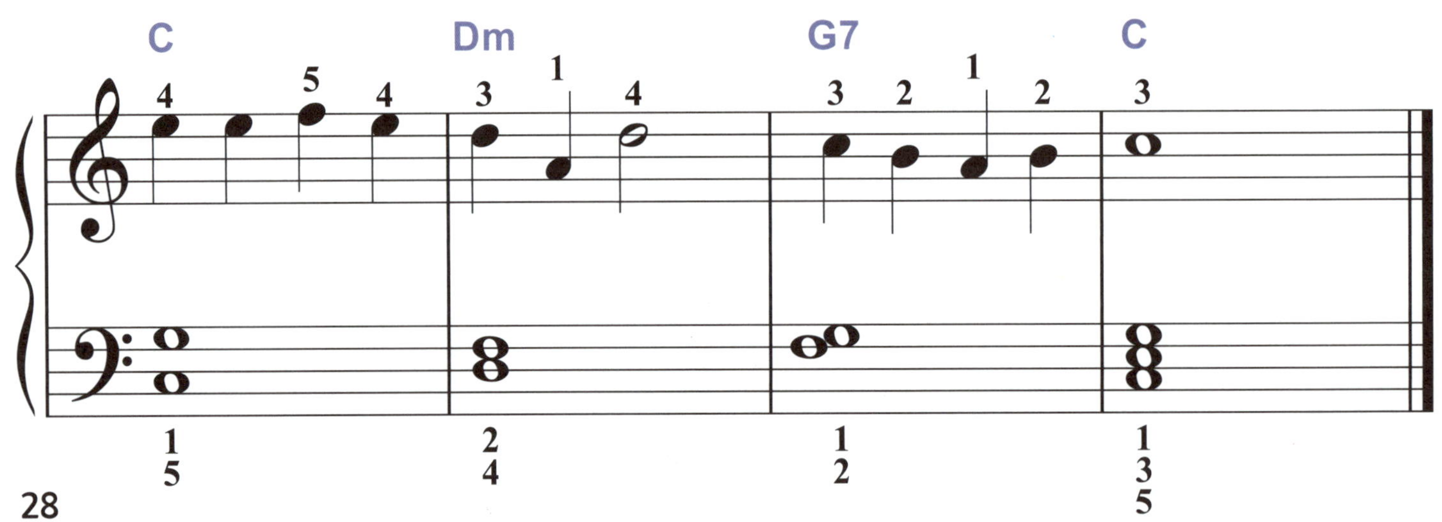
C
Dm
G7
C

병원차와 소방차

유경손 작사, 작곡

C F

하 얀 자동차가 | 삐 뽀 삐 뽀 | 내가 먼저 가야 해요
빨 간 자동차가 | 애 앵 애 앵 | 내가 먼저 가야 해요

G C

삐 뽀 삐 뽀 | 아픈 사람 탔으니까 | 삐 뽀 삐 뽀
애 앵 애 앵 | 불났어요 불났어요 | 애 앵 애 앵

C G7 C

병 원 으 로 가 야 해 요 | 삐 뽀 삐 – 뽀
불 을 끄 러 가 야 해 요 | 애 앵 애 앵 앵

클레멘타인

P. 몬트로스 작곡

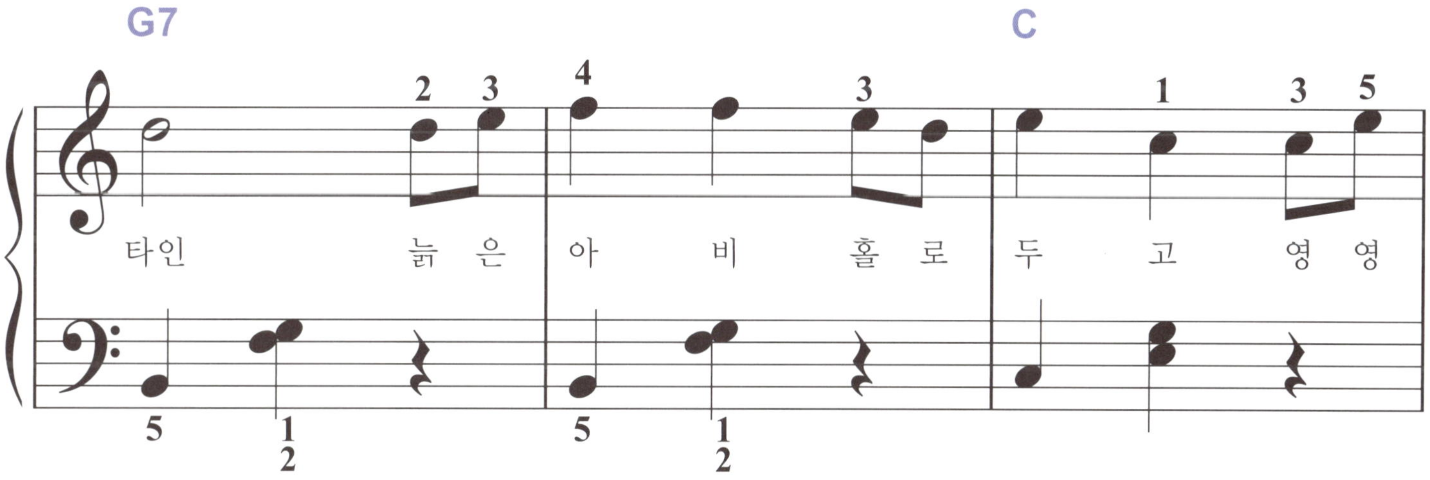

G7 C

2 3 4 3 1 3 5

타인 늙은 아 비 홀 로 두 고 영 영

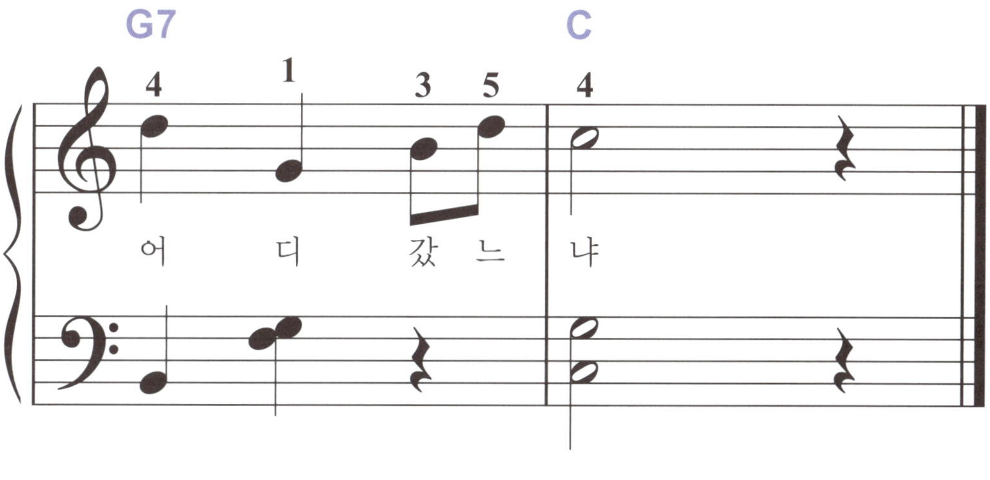

5 1 2 5 1 2

G7 C

4 1 3 5 4

어 디 갔 느 냐

퍼프

P. 야로, L. 립튼 작곡

축하합니다

B. 마틴, P. 콜터

C / Dm

축 하 합 니 다 축 하 합 니 다

Dm / G7 / C

당 신 의 생 – 일 을 축 하 합 니 다

C / Dm

축 하 합 니 다 축 하 합 니 다

Dm / G7 / C

당 신 의 생 – 일 을 축 하 합 니 다 –

피노키오

G. 크리스티앙, R. 크리스티앙 작곡

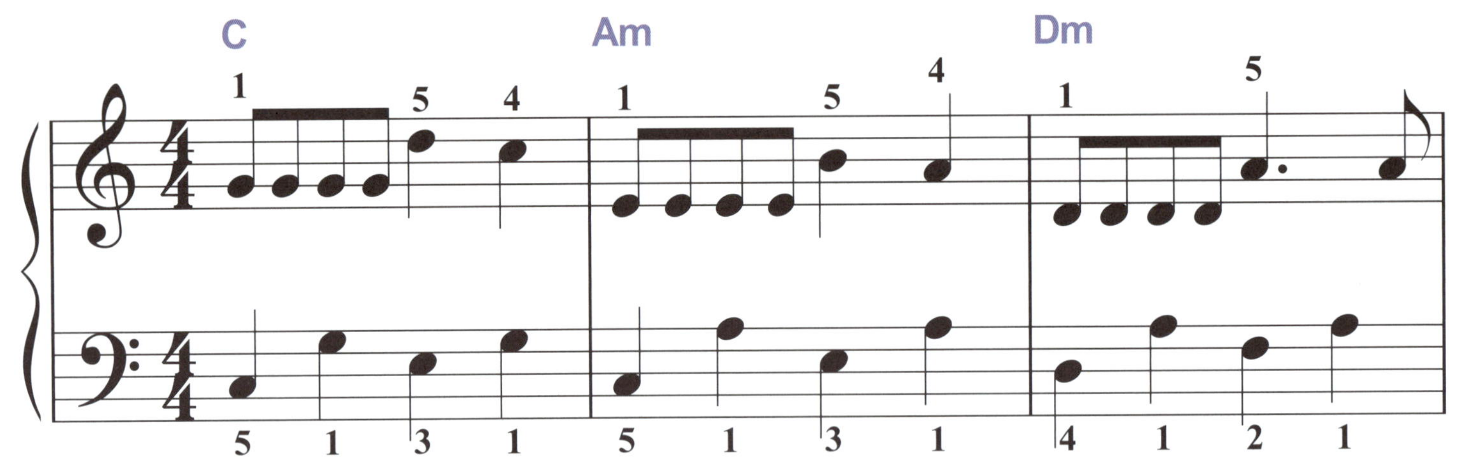

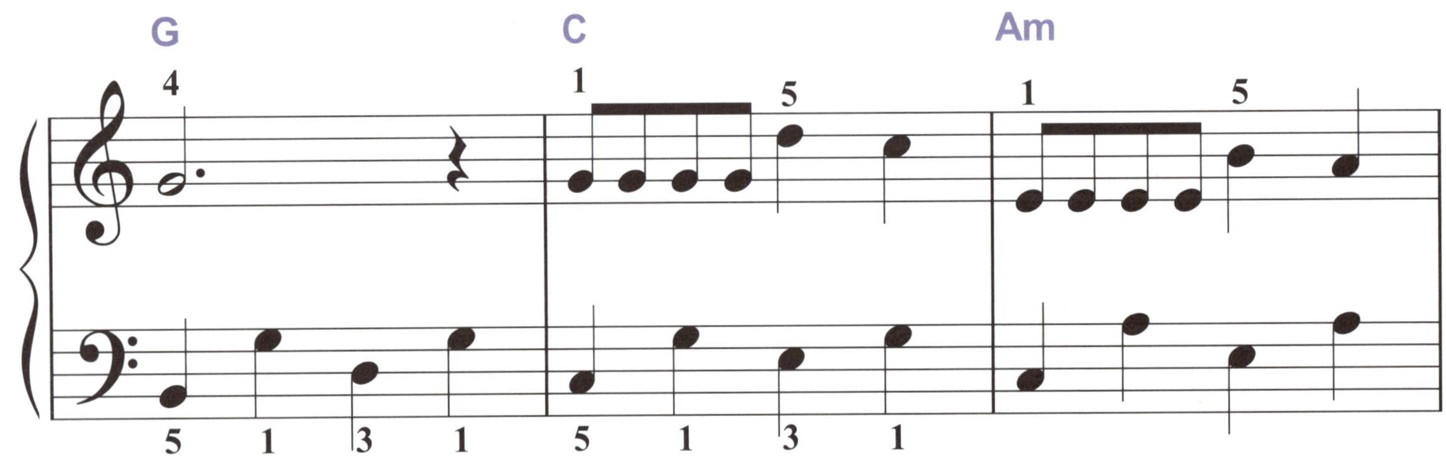

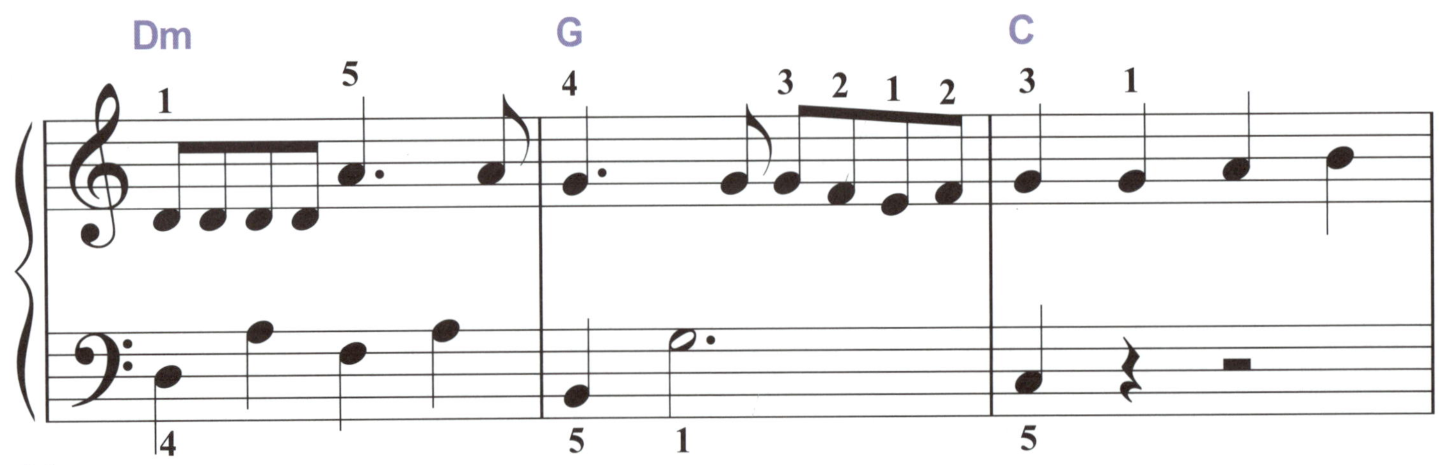

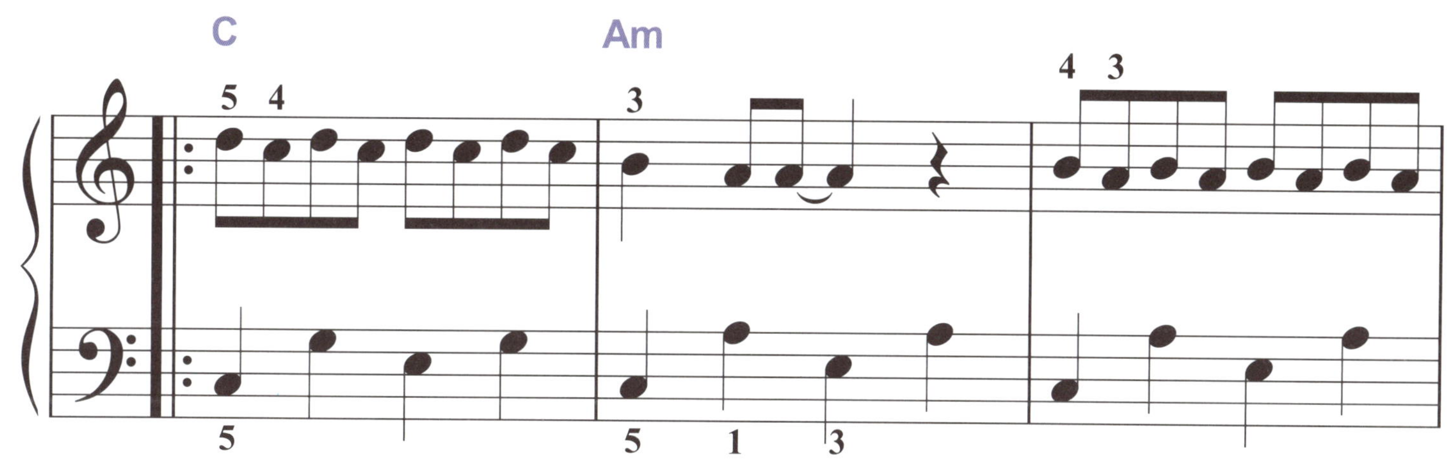

Dm
G

G7
C
1.
C
2.

노래하자 춤추자

강소천 작사, 이계석 작곡

사랑의 기쁨

마르티니 작곡

성자들의 행진

미국 민요

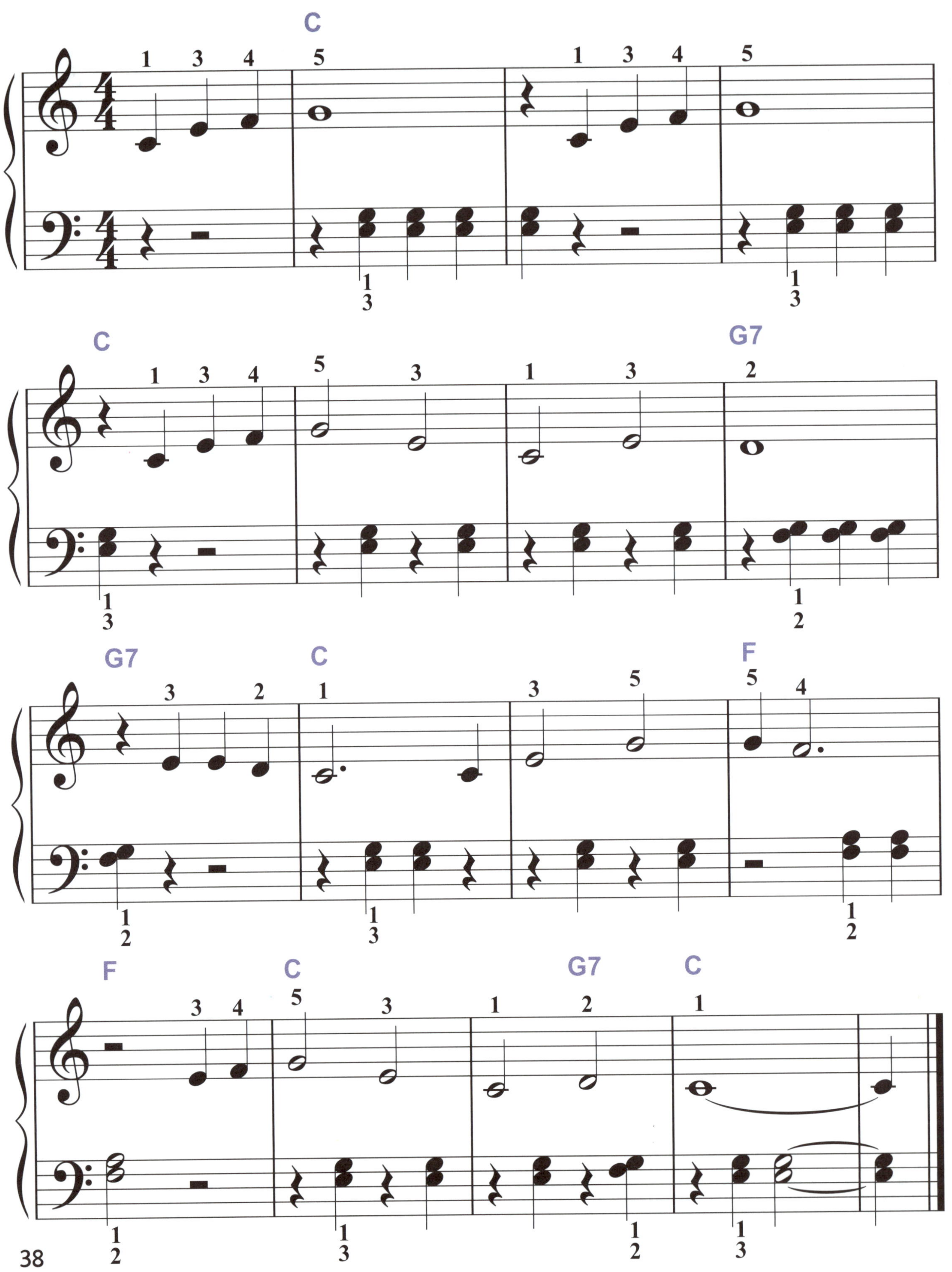
C
C
G7
G7
C
F
F
C
G7
C

해피 버스데이

힐 작사, 작곡

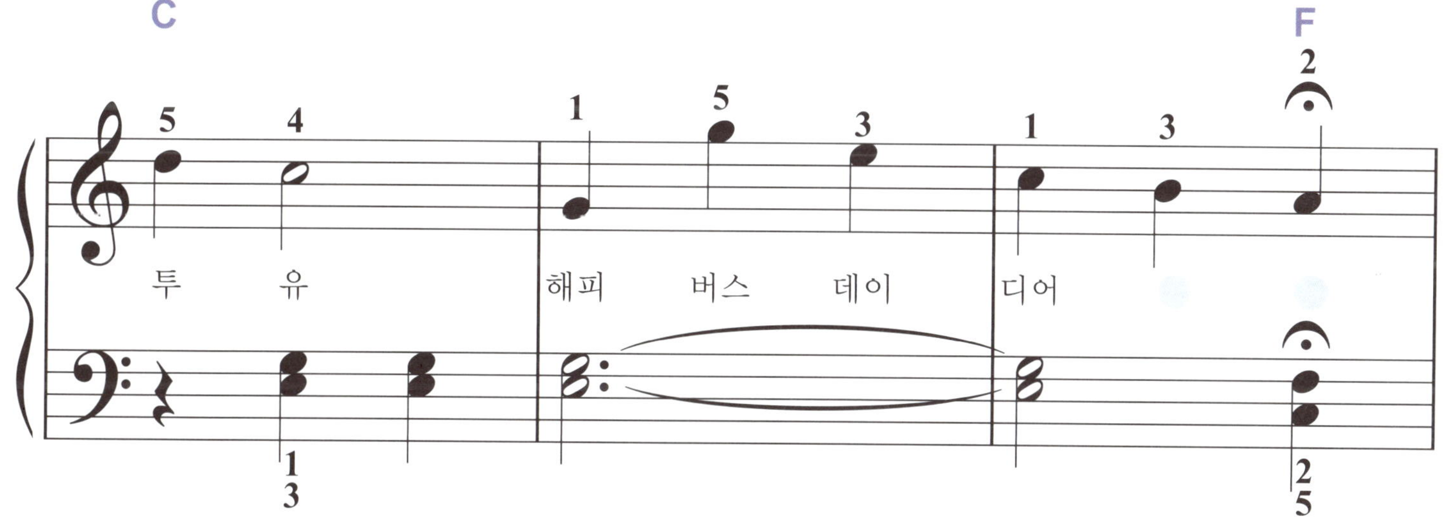

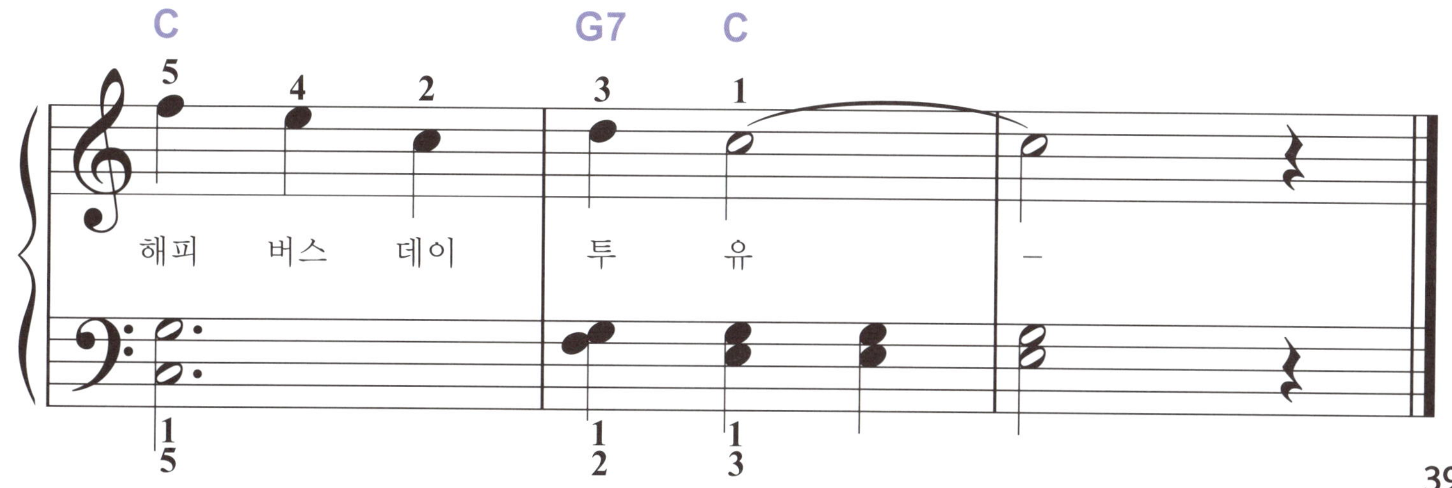

유 아 마이 선샤인

J. 데이비스, C. 미첼 작사, 작곡

얼굴 그리기

전래 동요

아 침 먹 고 땡
점 심 먹 고 땡
창 문 을 열 었 더 니
비 가 오 더 래
지 렁 이 가 세 마 리
기 어 갑 니 다
아이 고 무 서 워
해 골 바 가 지!

마블 홀

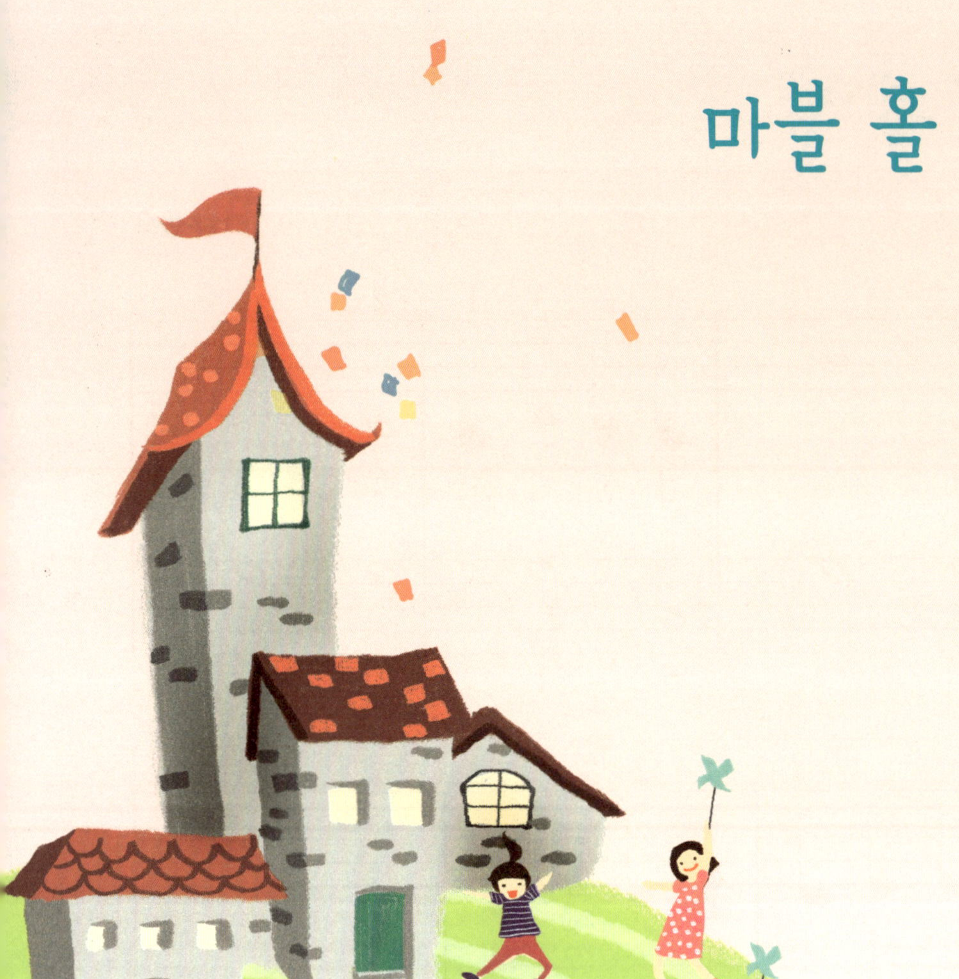

M. W. 발페 작곡

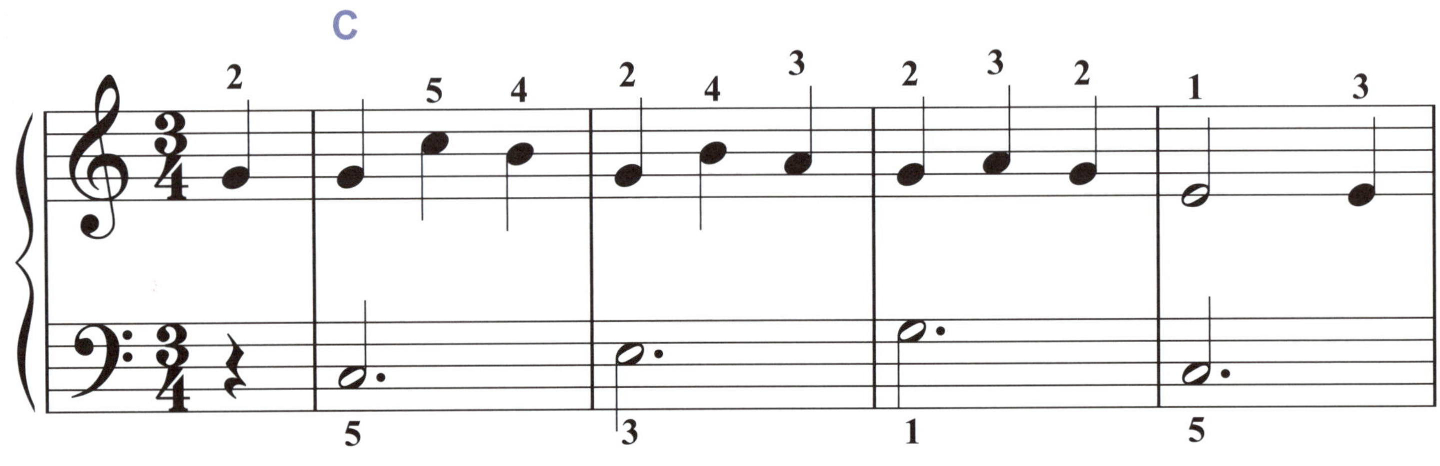
C
2
5 4
2 4 3
2 3 2
1 3
5
3
1
5

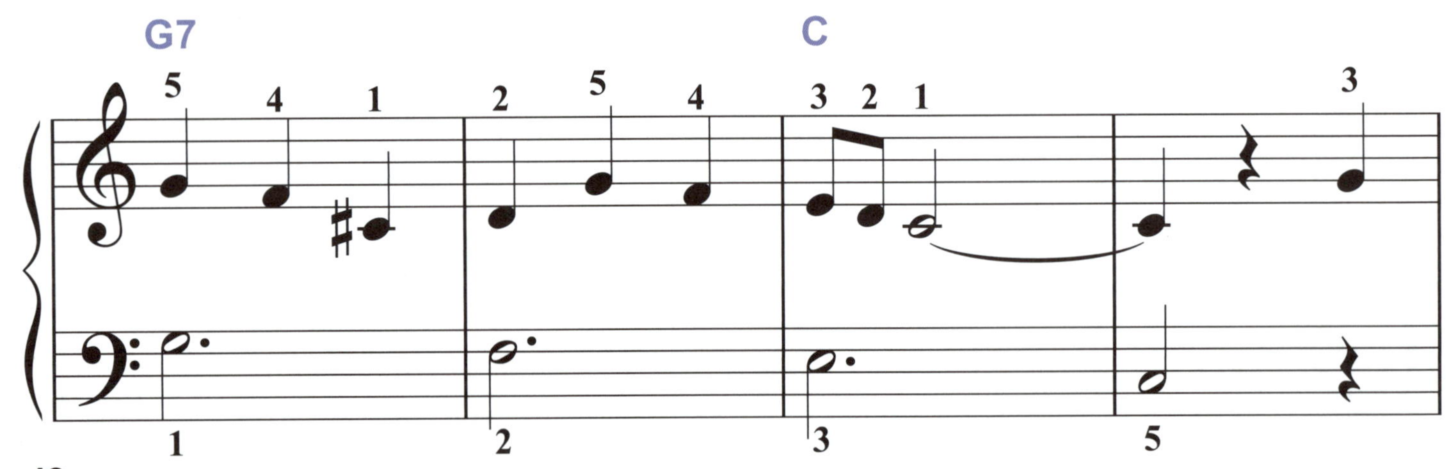
G7
C
5 4 1
2 5 4
3 2 1
3
1
2
3
5

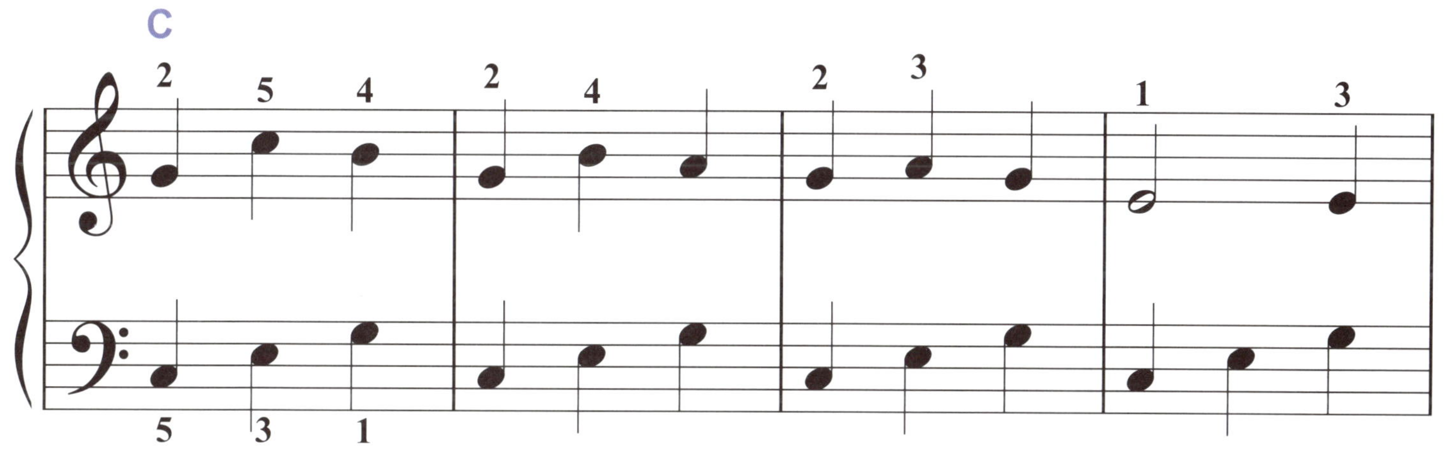
C

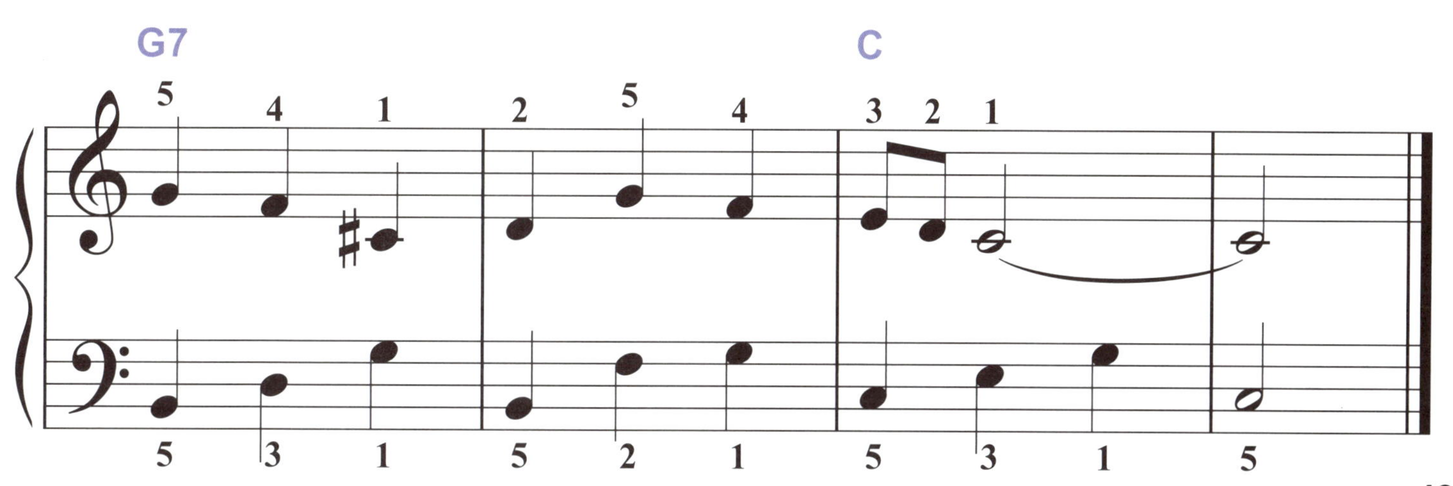
G7
C

썰매타기

L. 앤더슨 작곡

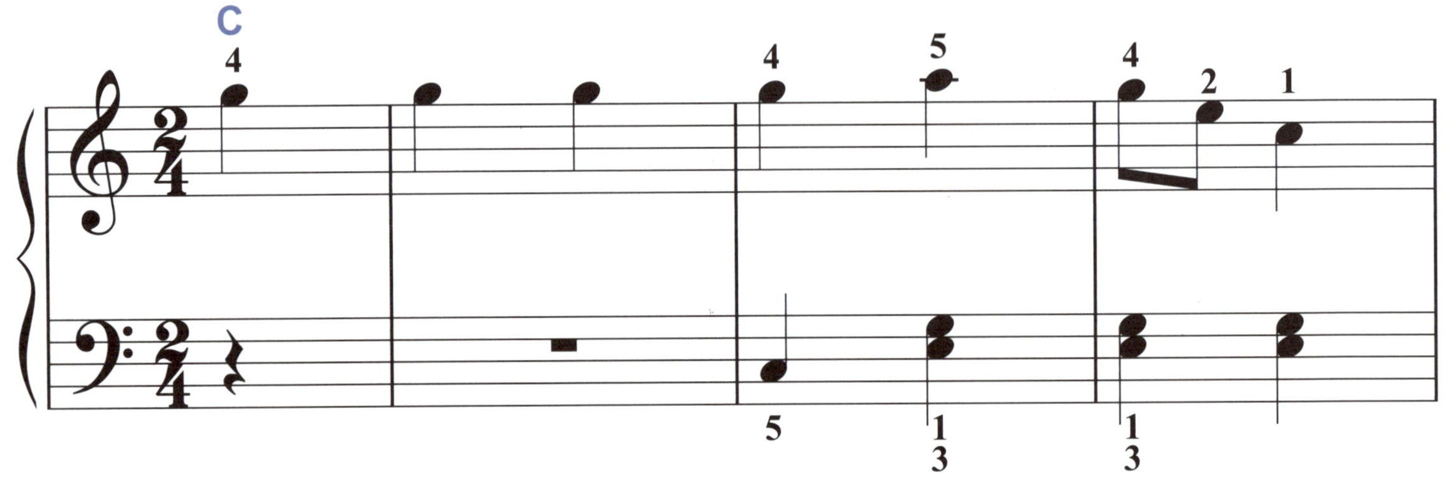

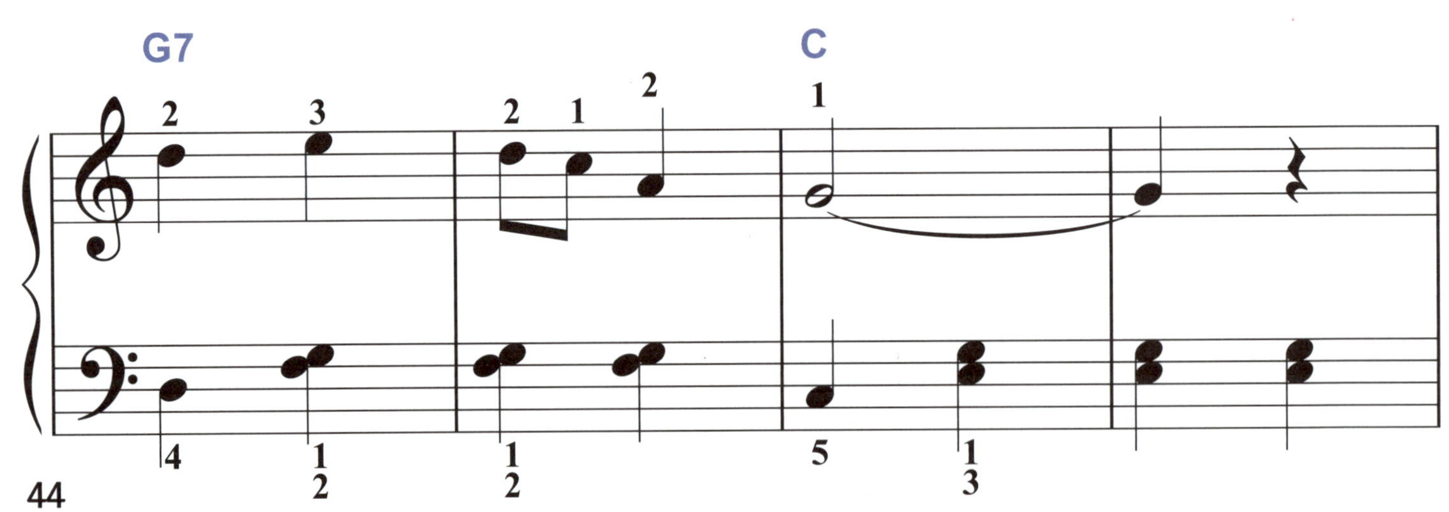

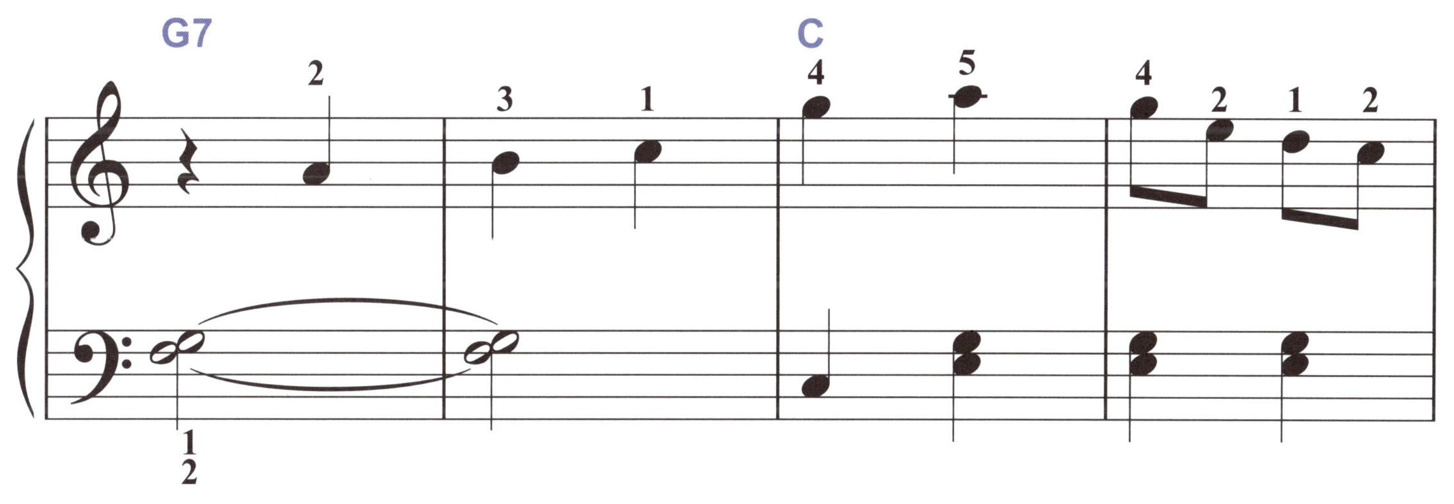
G7
C
2
3
1
4
5
4
2
1
2
1
2

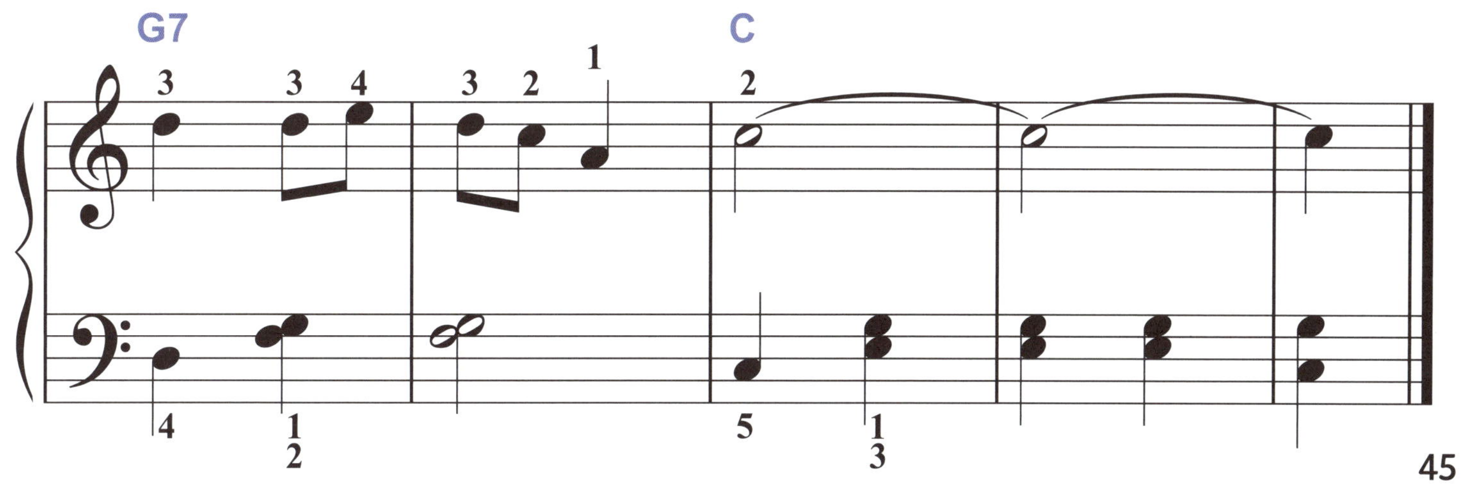
G7
C
3
3
4
3
2
1
2
4
1
2
5
1
3

하얀 나라

김성균 작사, 작곡

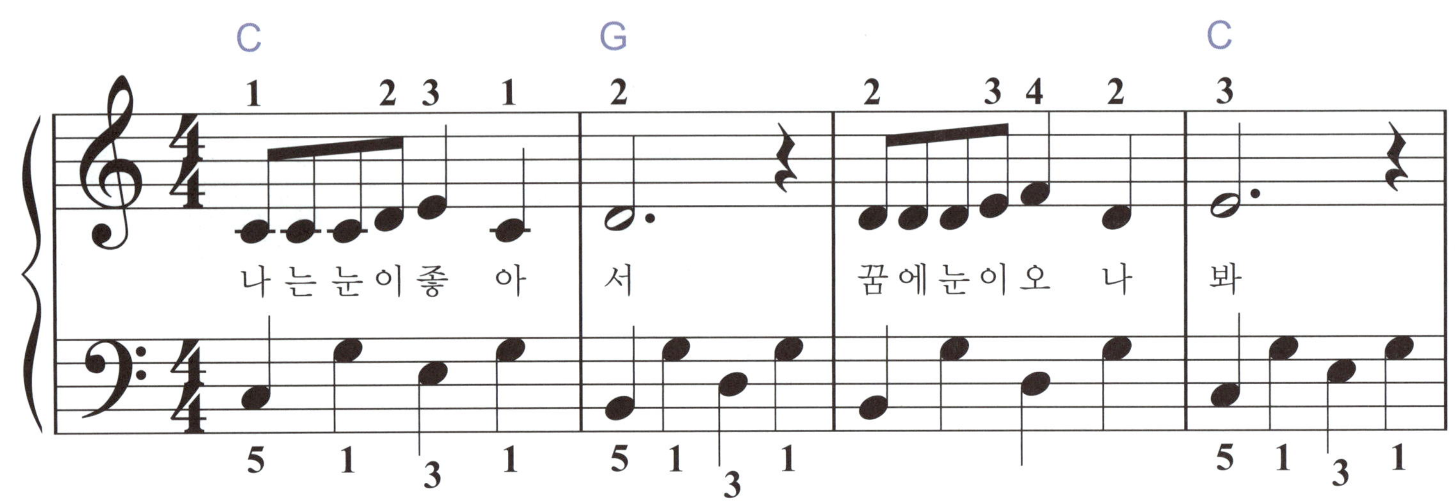

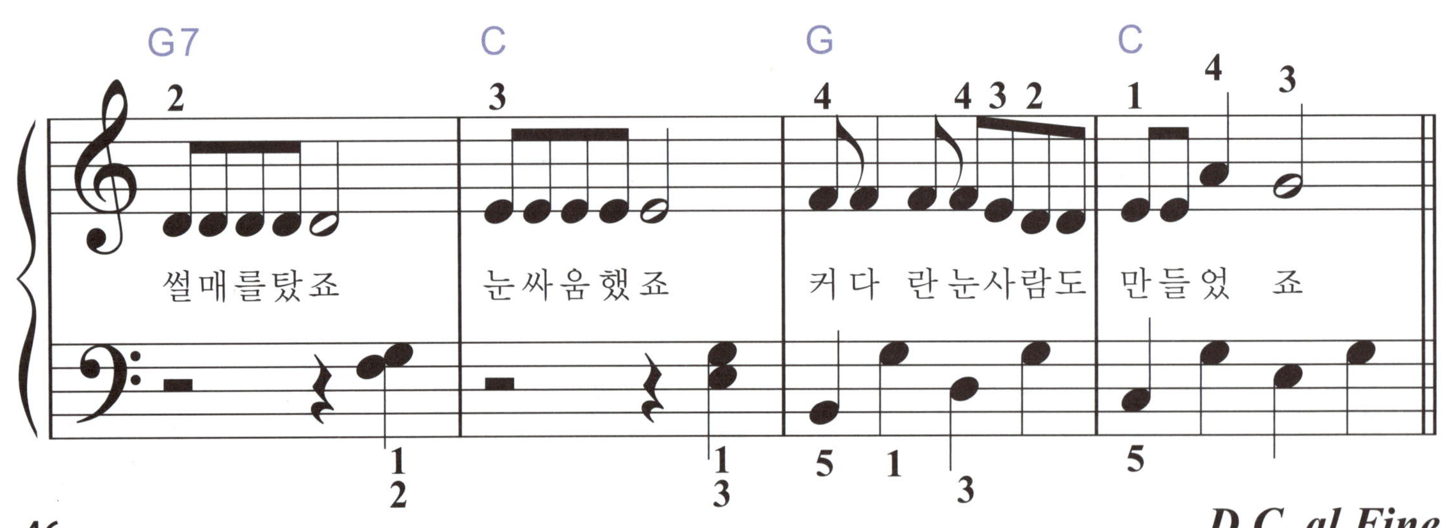

악어 떼

이요섭 작사, 작곡

Am
G
Am
G
Am
정 글 숲 을
지 나 서 가 자
엉 금 엉 금
기 어 서 가 자

Am
G
Am
G
Am
늪 지 대 가
나 타 나 면 은
악 어 떼 가 나 올
라 악 어 떼

캉캉

J. 오펜바흐 작곡

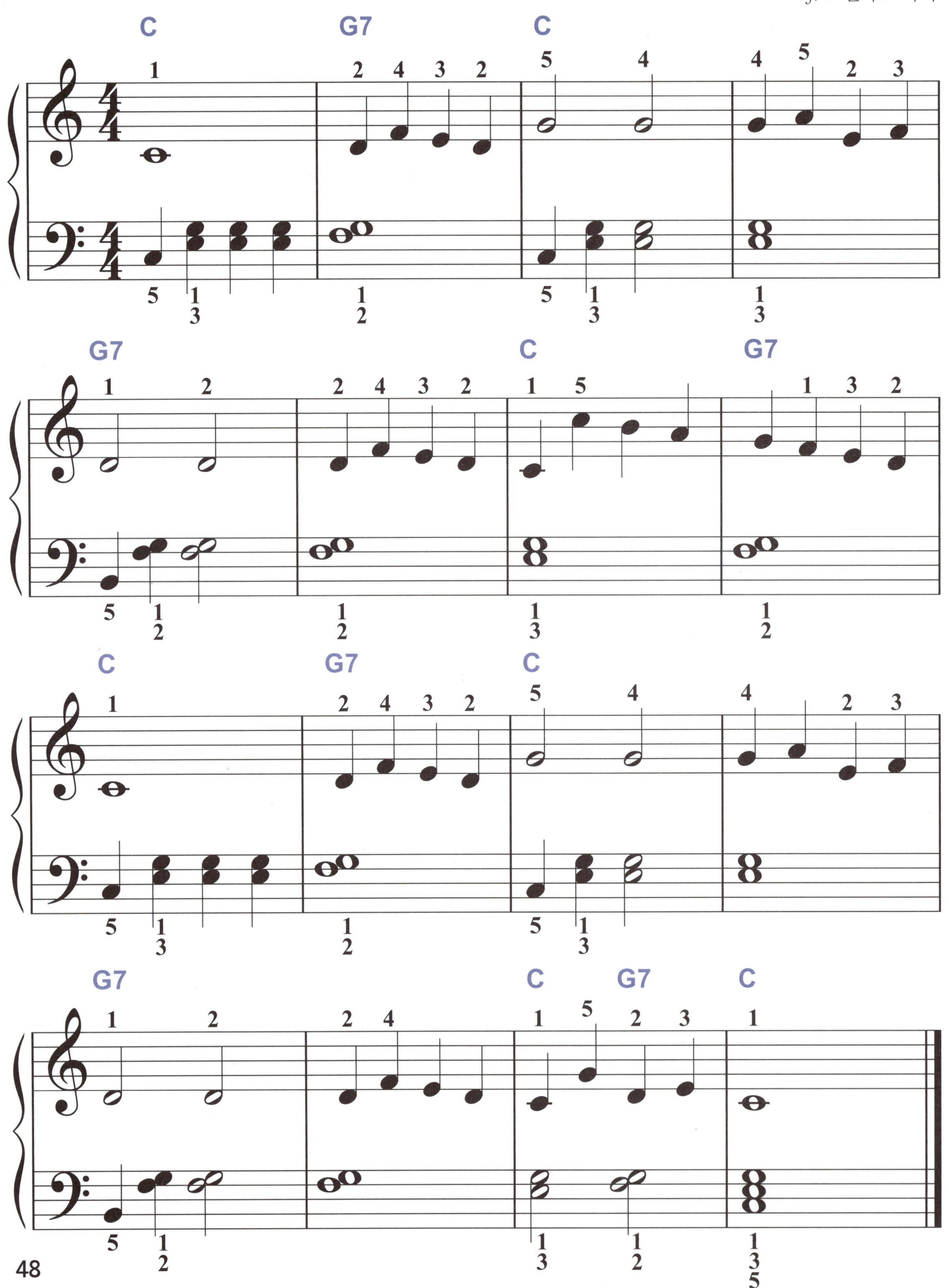
C G7 C
G7 C G7
C G7 C
G7 C G7 C

당신의 소중한 사람

노르웨이 민요

할아버지의 낡은 시계

H. C. 워크 작곡

G7 C
계 할 아 버 지 의 고 물 시
G C
계 이 제 는
G7 C F
더 가 질 않 네 가 지
C G7 C
를 않 — — 네 —

신데렐라

작사, 작곡 미상

C F C
신 데 렐 라 는 어 려 서
C G
부 모 님 을 잃 고 요 ㅡ
C F C
계 모 와 언 니 들 에 게
C G C
구 박 을 받 았 더 래 요 ㅡ

C
샤 바 샤 바 하이 샤 바
G
불 쌍 한 신 데 렐 라 –
C
샤 바 샤 바 하이 샤 바
G
왕 자 님 은 언 제 만 날
C
까 –

아빠는 엄마를 좋아해

R. 샤브리에 작사, J. 무테 작곡
역사자 미상

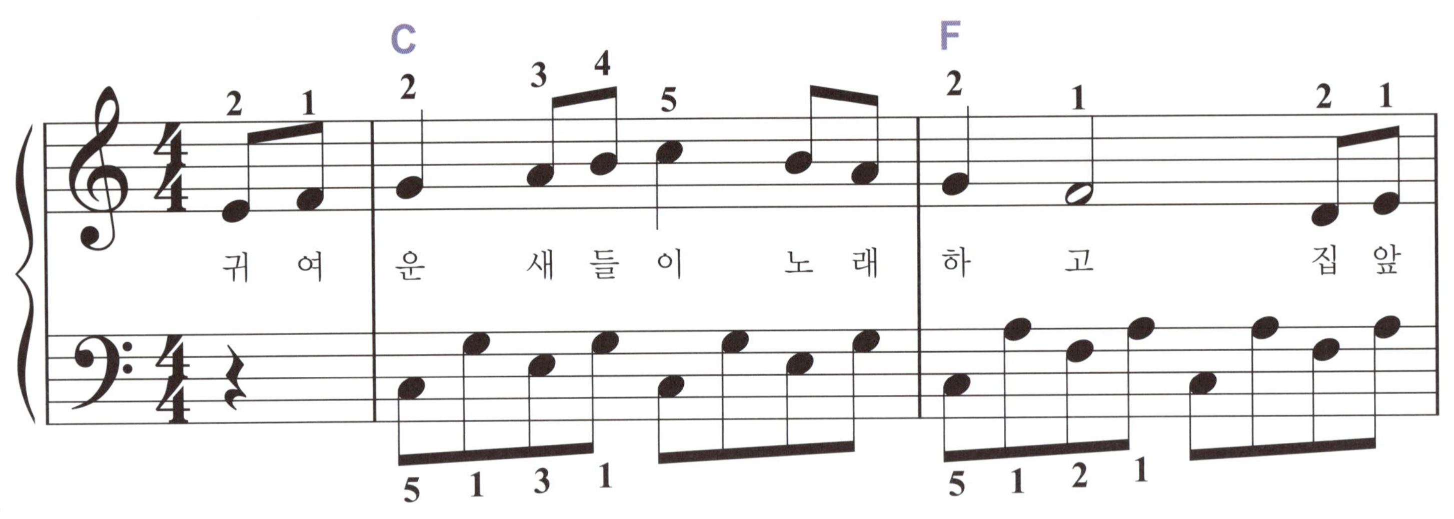

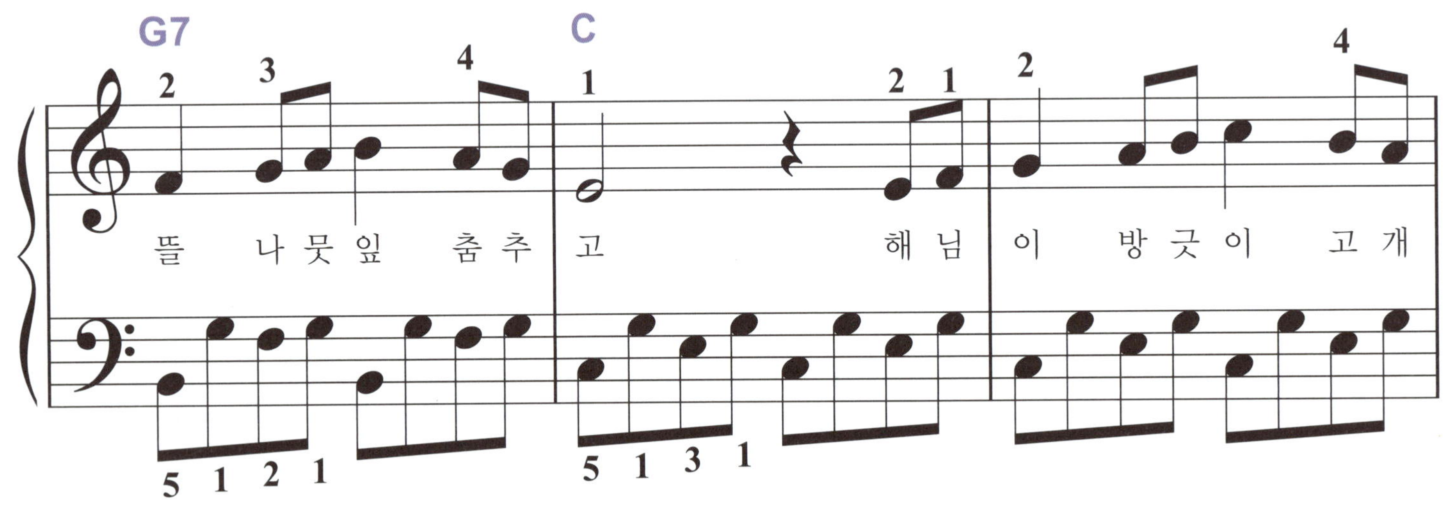

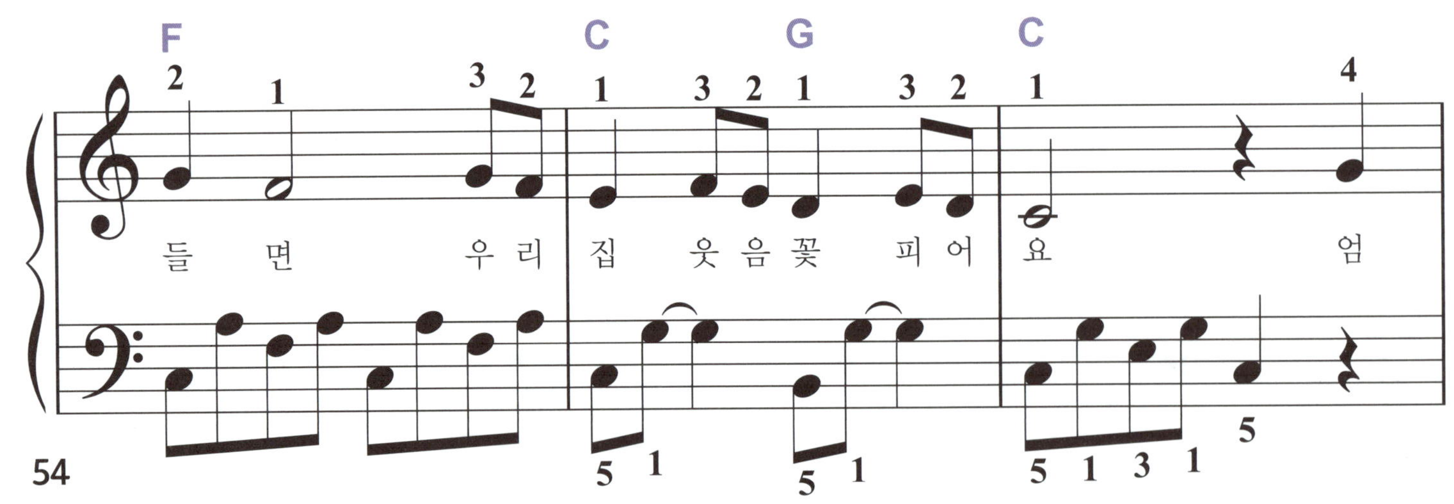

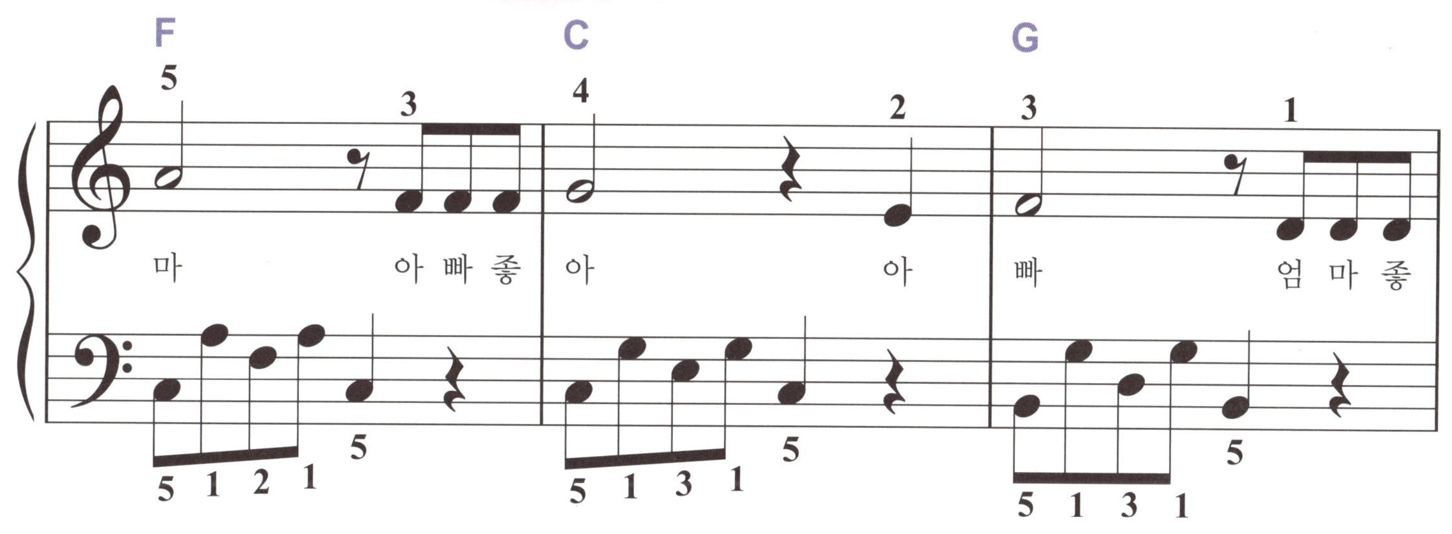

F
C
G
마 아 빠 좋 아 아 빠 엄 마 좋

C
F
C
아 랄 라 랄 랄 랄 라 랄

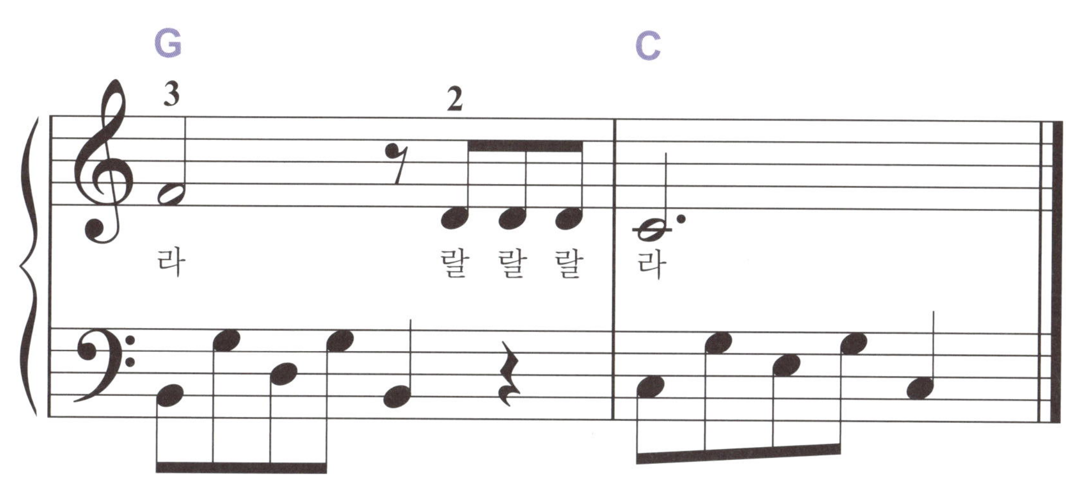

G
C
라 랄 랄 랄 라

'고양이 춤' 원곡
유수호 작사

F
5 1 4 1 3
열 마 리 아 니 스 무 마 리 아 니 서 른 마 리 마 흔 마 리
1
2

C
4 3 4 3
쉰 마 리 아 니 예 순 마 리 아 니 일 흔 마 리 아 니
5 1
3 1
3

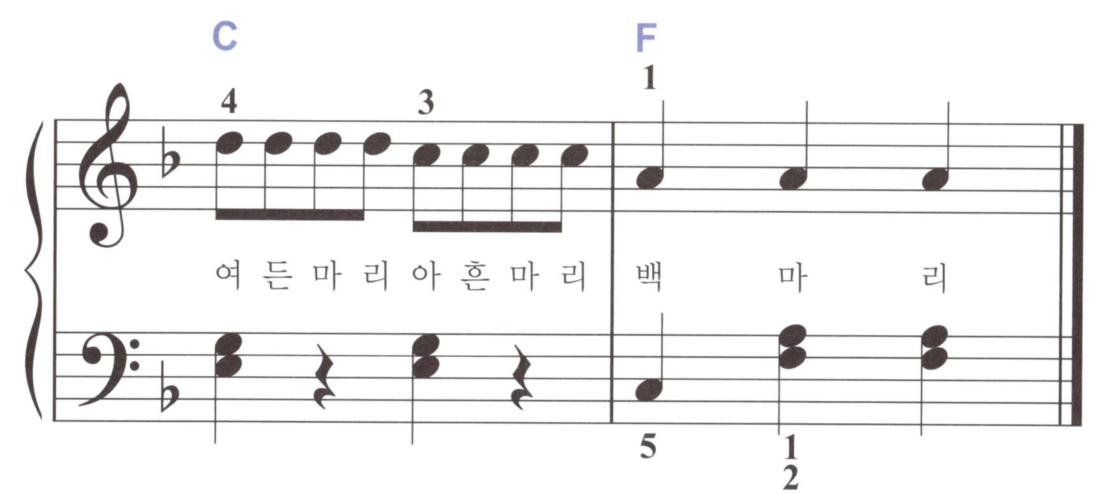
C F
4 3 1
여 든 마 리 아 흔 마 리 백 마 리
5 1
2

그대로 멈춰라

김방옥 작사, 작곡

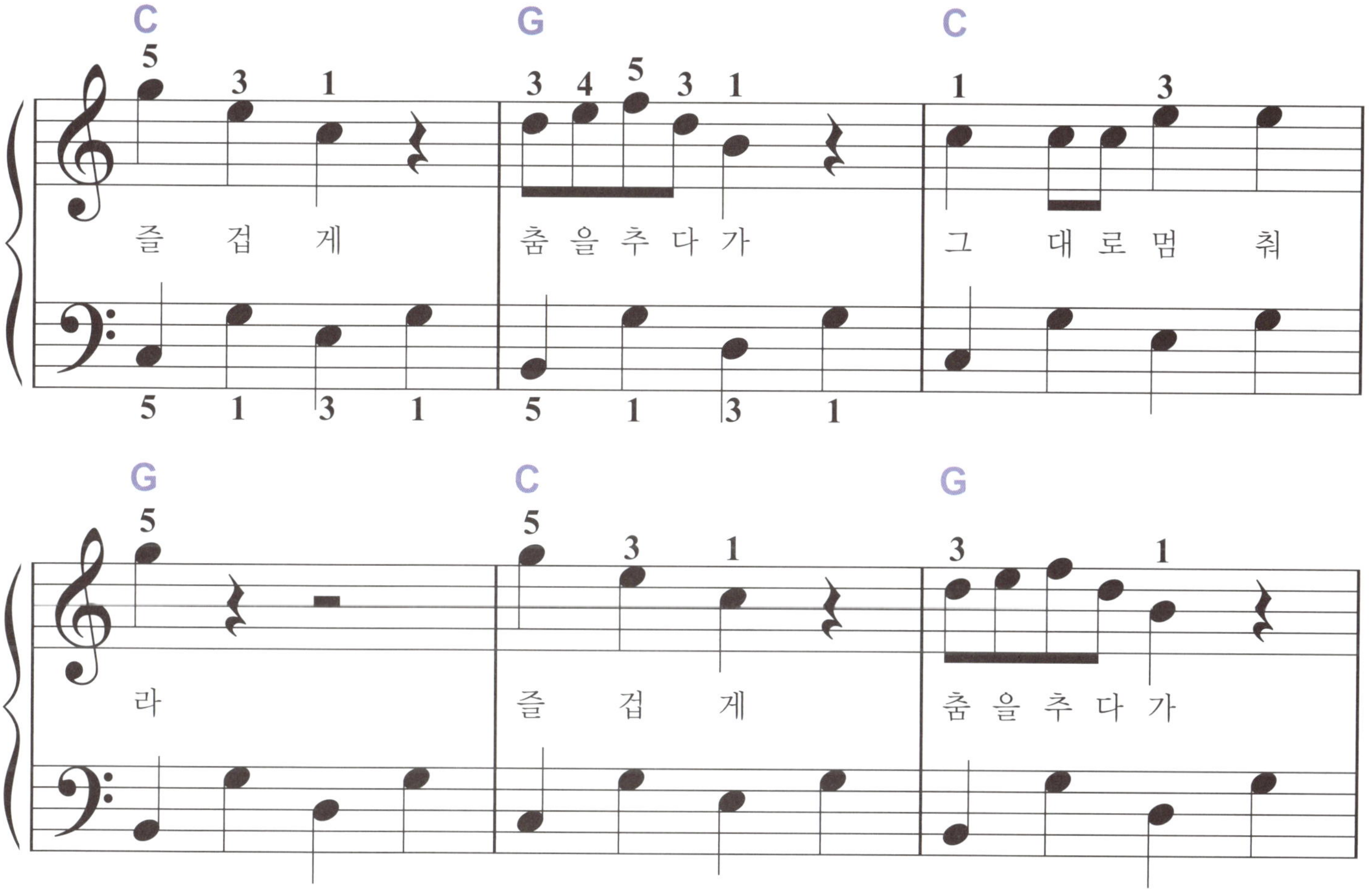

C G C

즐 겁 게 춤 을 추 다 가 그 대 로 멈 춰

G C G

라 즐 겁 게 춤 을 추 다 가

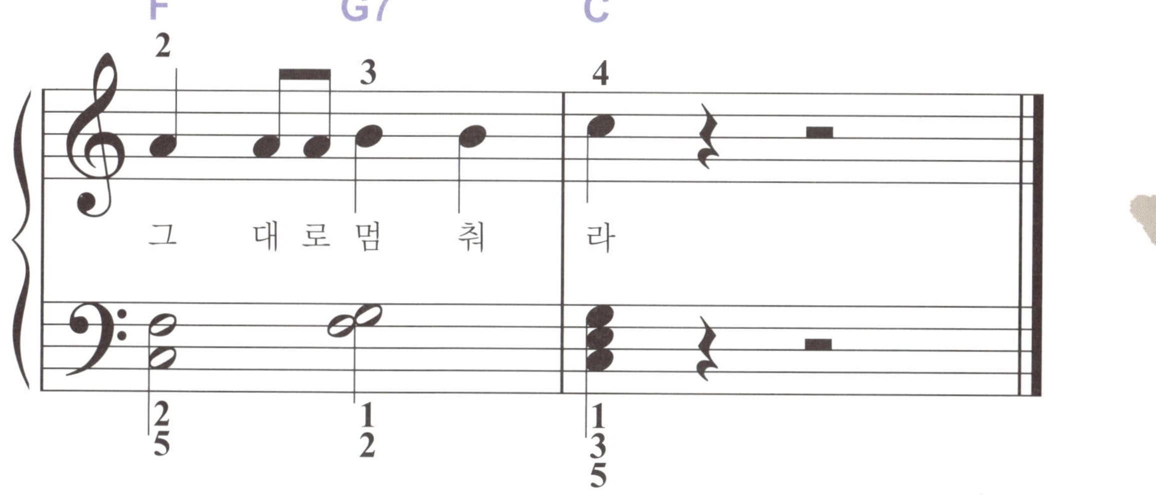

당신은 사랑 받기 위해 태어난 사람

이민섭 작사, 작곡

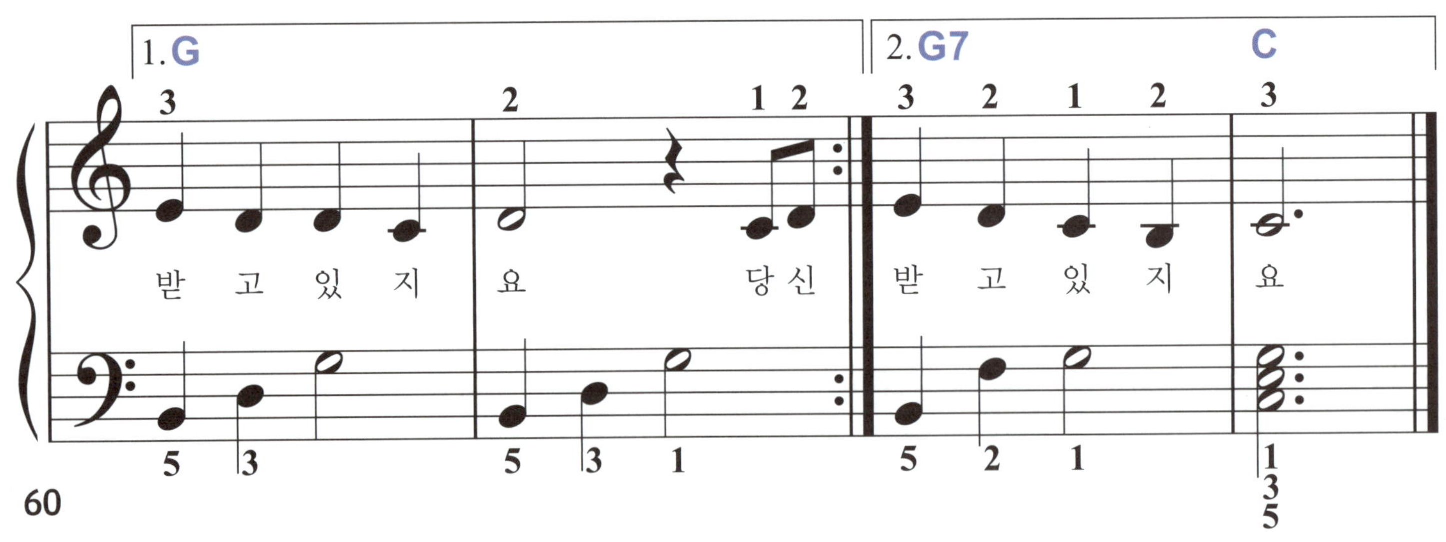

산 할아버지

김창훈 작사, 작곡

독도는 우리땅

박문영 작사, 작곡

어머나

윤명선 작사, 작곡
Am
어 머 나 어 머 나 이러 지 마 세 요
Dm E
여 자의 마 음 은 갈 대 랍 니 다
Am
안 돼 요 왜이 래 요 묻 지 말 아 요
Dm E Am
더 이 상 내 게 원 하 시 면 안 돼 요

한국을 빛낸 100명의 위인들

박문영 작사, 작곡

Am
E
만 주 벌 판 달 려 라
광 개 토 대 왕
신 라 장 군 이 사
E
Am
Dm
부
백 결 선 생 떡 방
아
G
C
Dm
삼 천 궁 녀 의 자
왕
황 산 벌 의 계 백
Am
E
E7
Am
맞 서 싸 운 관 창
역 사 는 흐 른
다

로망스

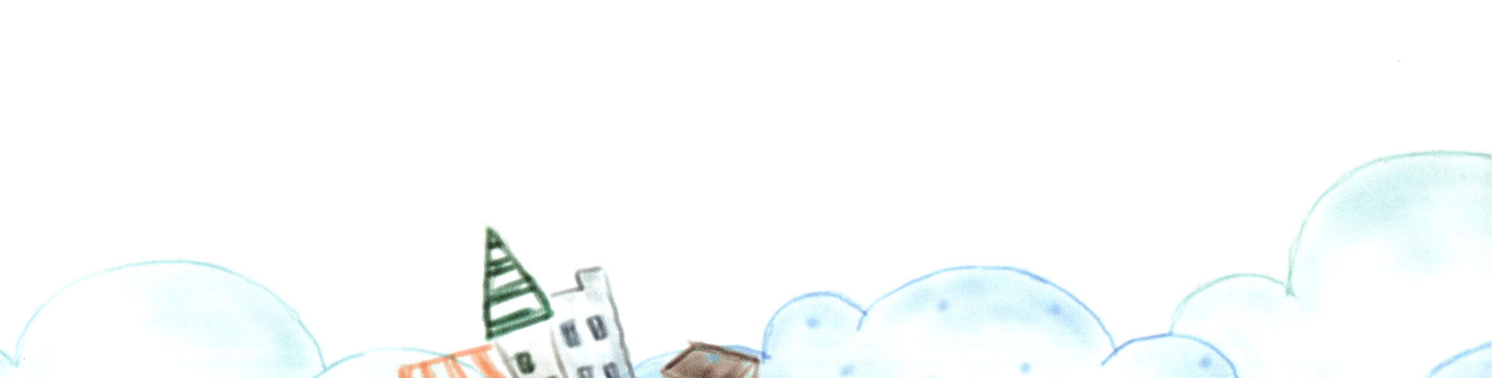

스페인 민요

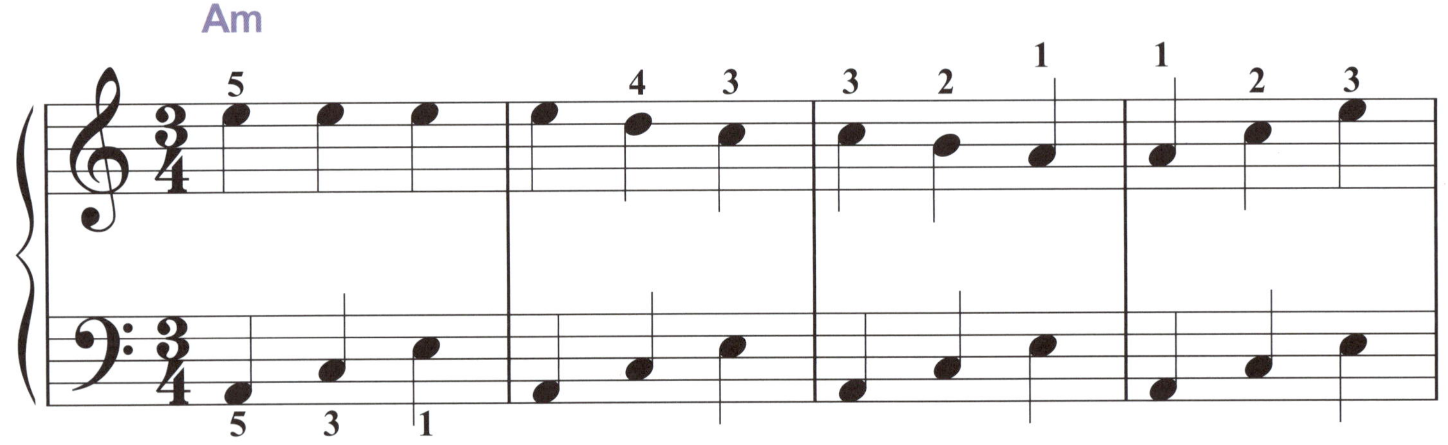
Am
5
4 3
3 2 1
1 2 3
5 3 1

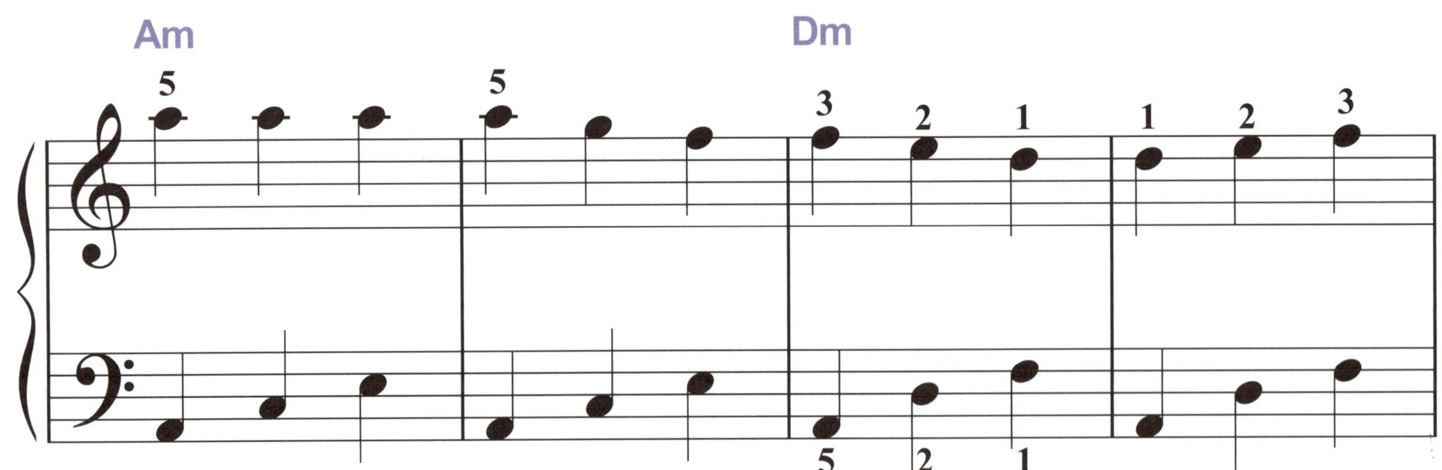
Am
Dm
5
5
3 2 1
1 2 3
5 2 1

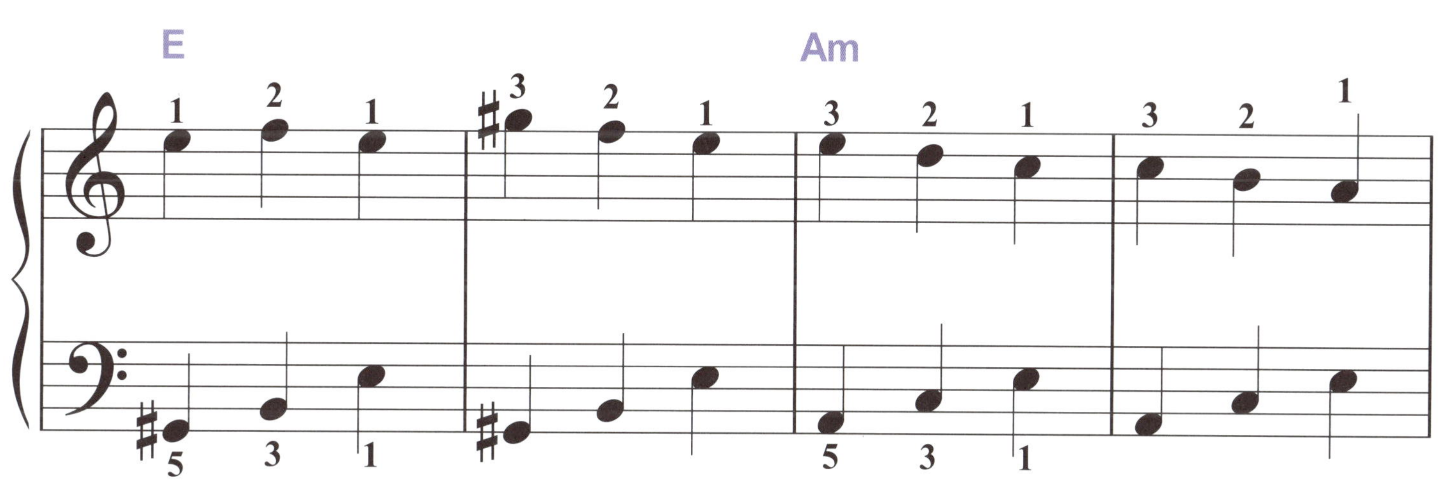
E
Am

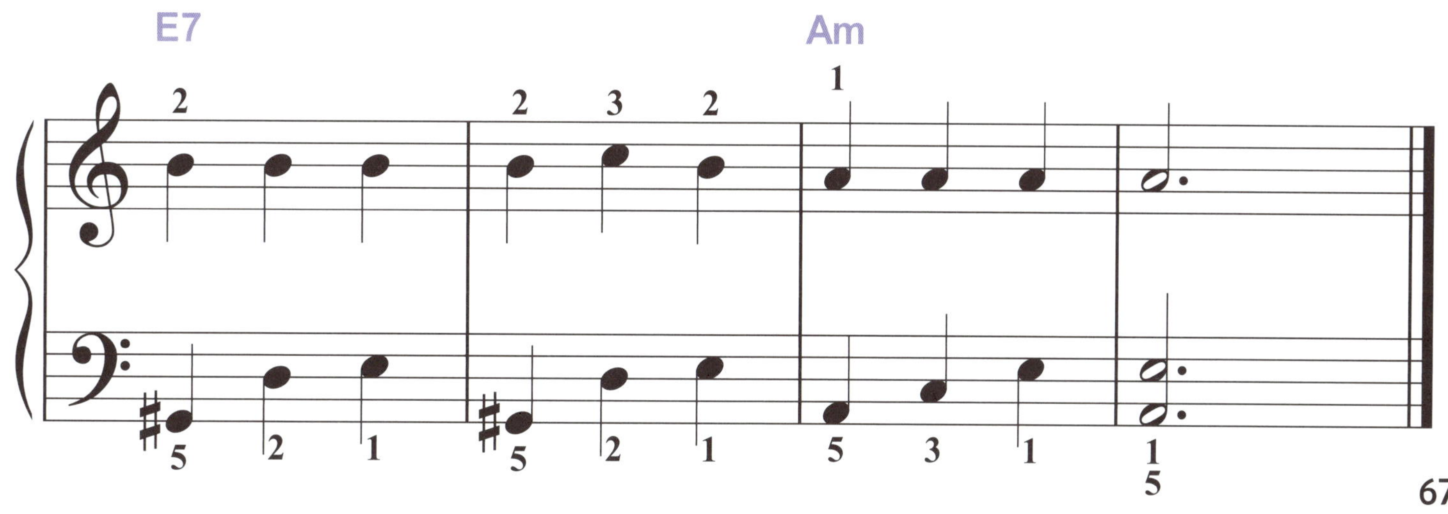
E7
Am

숲 속의 음악가

이요섭 작사
독일 민요

C G7 C G7

나 | 는 숲 속 의 | 음 악 가 조 | 그 만 다 람

C G7 C G7

쥐 아 | 주 익 숙 한 | 솜 씨 로 바이 | 올 린 켜 지

C G7 C

요 찌가 | 진 짠 짠 찌가 | 진 짠 짠 찌가 | 진 짠 짠 찌가

G7 C G7 C

진 짠 짠 참 | 잘 도 하 지 | 요

허수아비 아저씨

김규환 작사, 작곡

C F C F G
하 루 종 일 우 뚝 서 있 는 성 난 허 수 아 비
C
아 저 씨 짹 짹 짹 짹 짹 아 이 무 서 워
F G C G C
새 들 이 달 아 납 니 다 하 루 종 일 우 뚝
F C F G C
서 있 는 성 난 허 수 아 비 아 저 씨

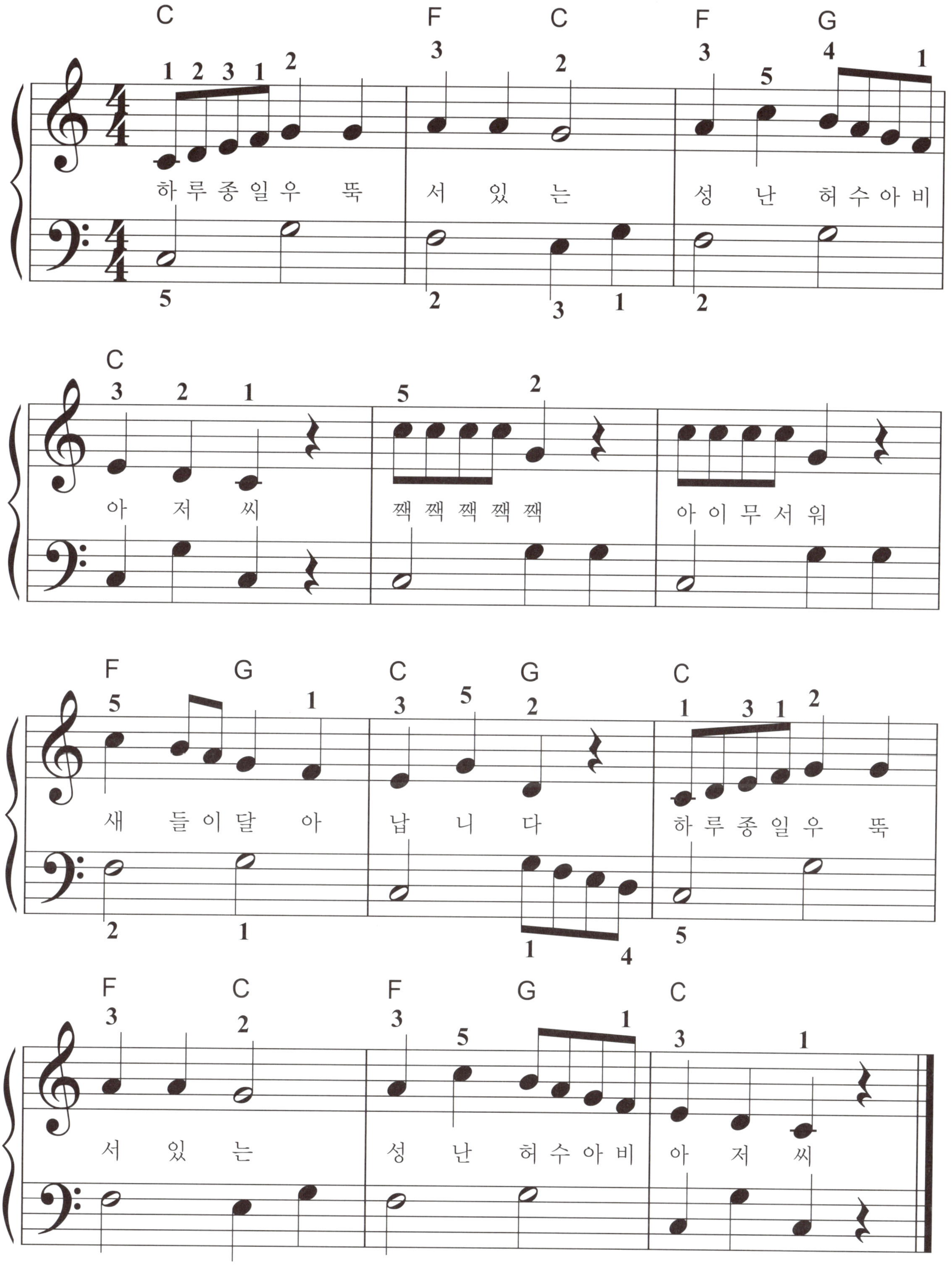

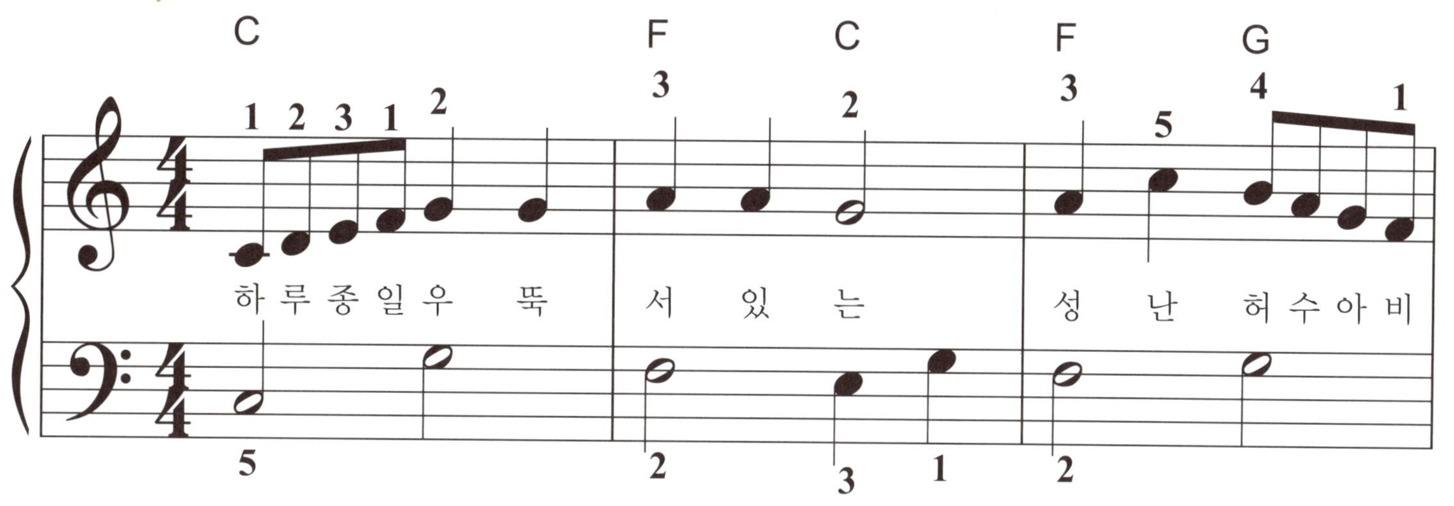

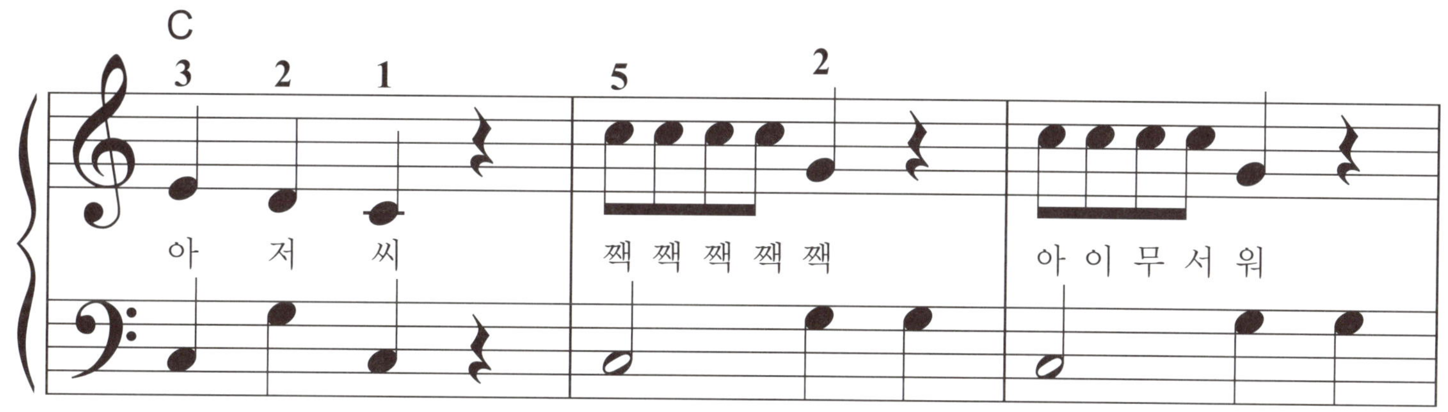

산타 우리 마을에 오시네

역사자 미상, 프레그쿠츠 작곡

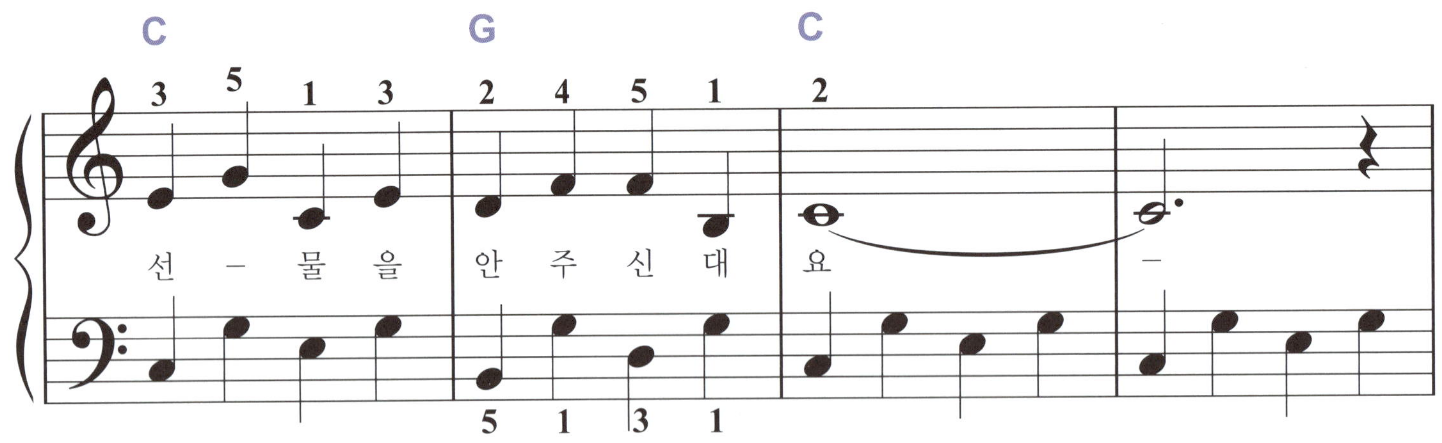

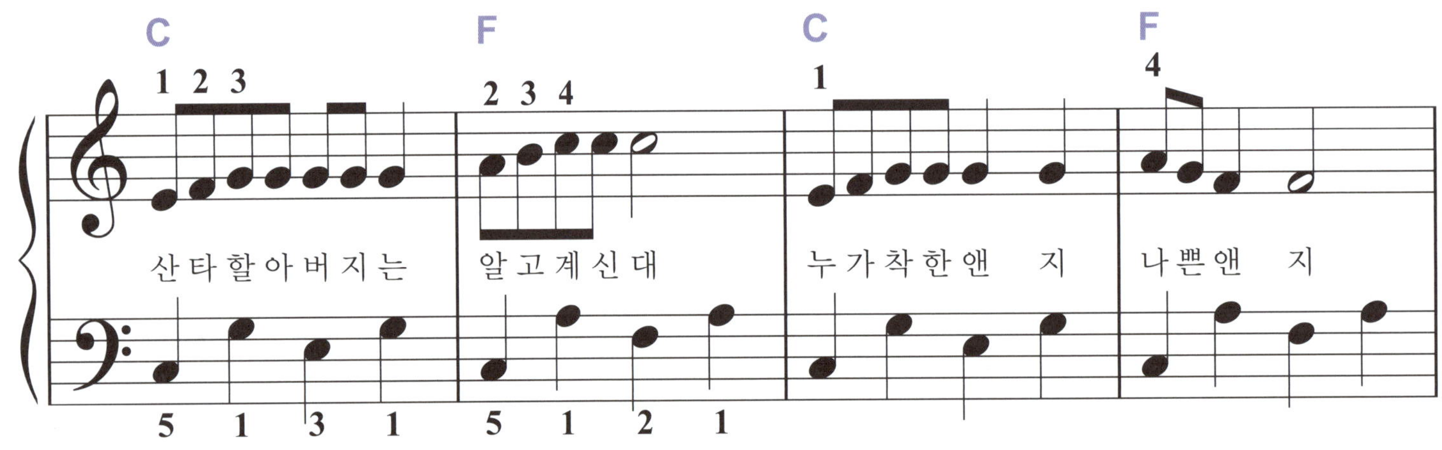

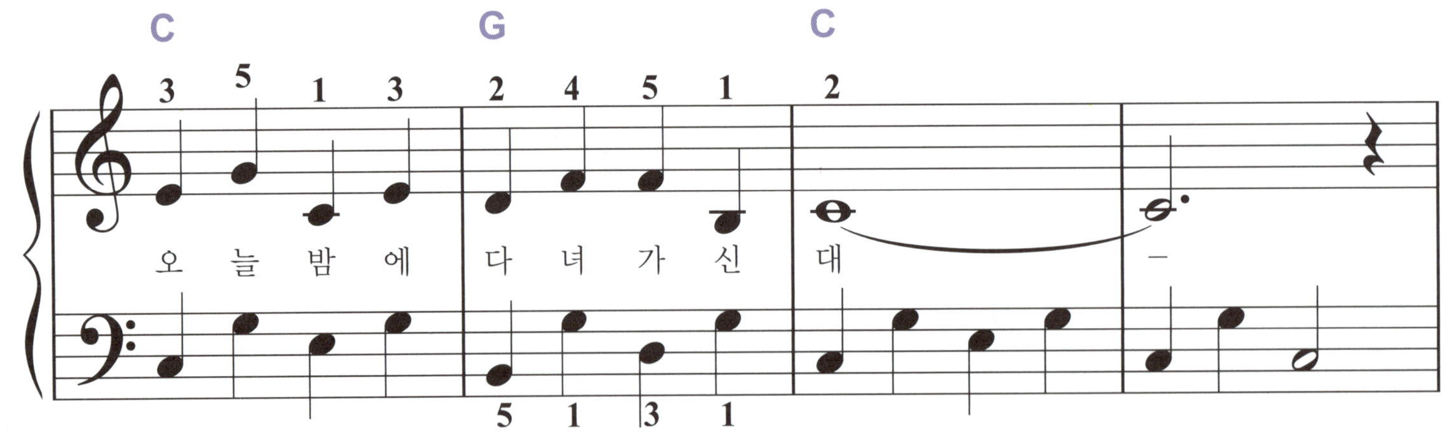

F
잠 잘 때 나 일어날 때 짜 증 낼 때 장난할때도
Dm G7 D G
산 타 할 아 버 지 는 모 든 것을알고계 신 대
C F C F
울면안 돼 울면안 돼 산타할아버지는 우리마을을
C G C
오 늘 밤 에 다 녀 가 신 대 –

위 위시 유 어 메리 크리스마스

영국 캐롤

학교 가는 길

김광민 작곡

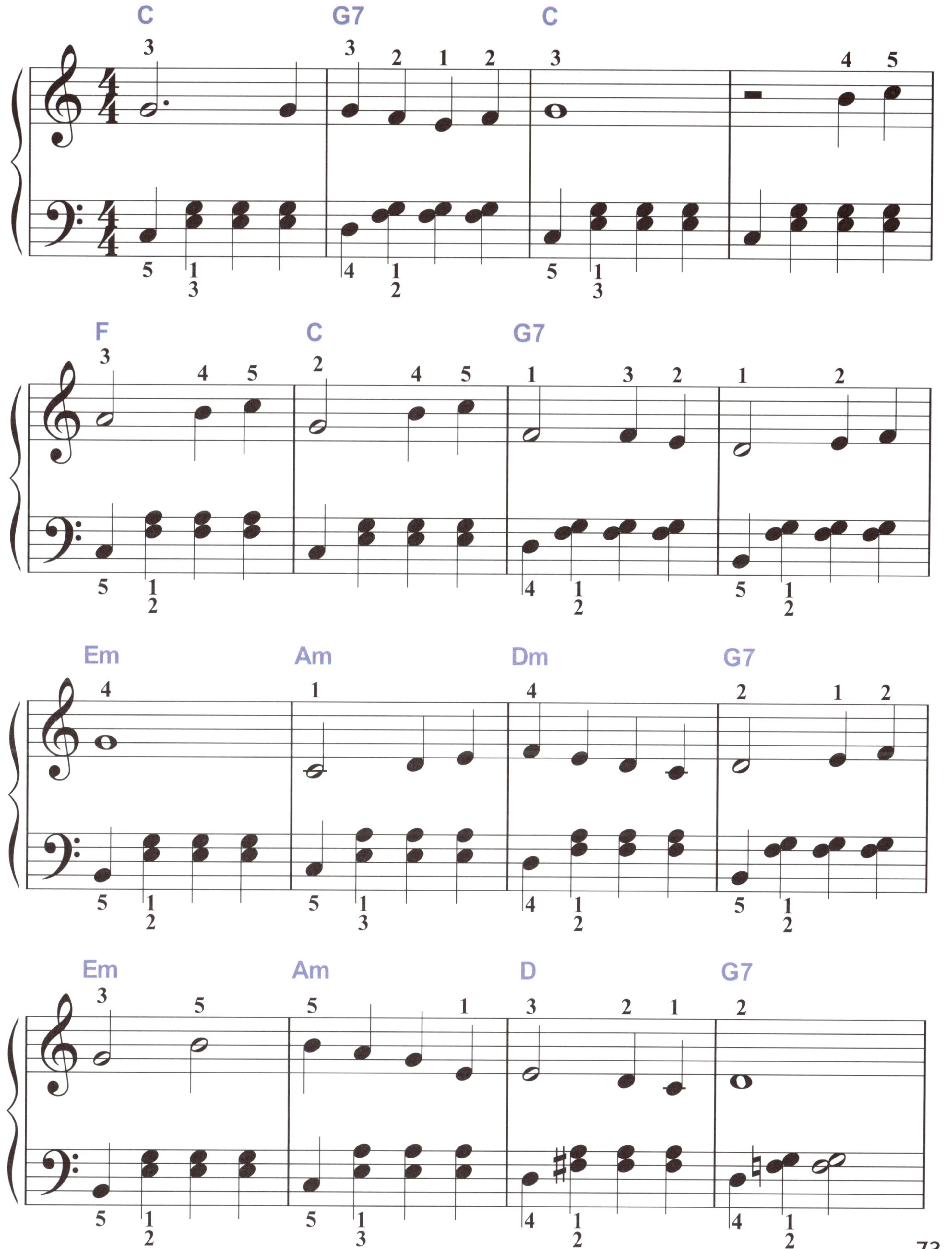

C
G7
C
F
C
G7
Em
Am
Dm
G7
Em
Am
D
G7

C
G7
C
F
D
C
D
G7

C
G7
C
F
D
C
D
G7
C

노을

이동진 작사, 최현규 작곡

러브 송

엘가 원곡
김영아 작사, 전준규 작곡

올챙이와 개구리

윤현진 작사, 작곡

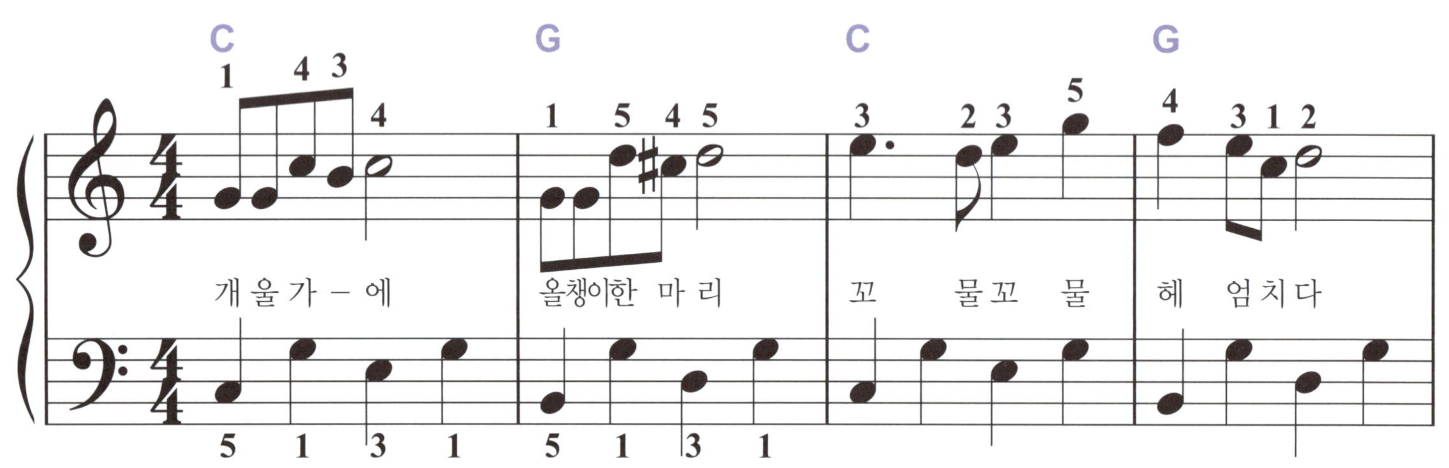

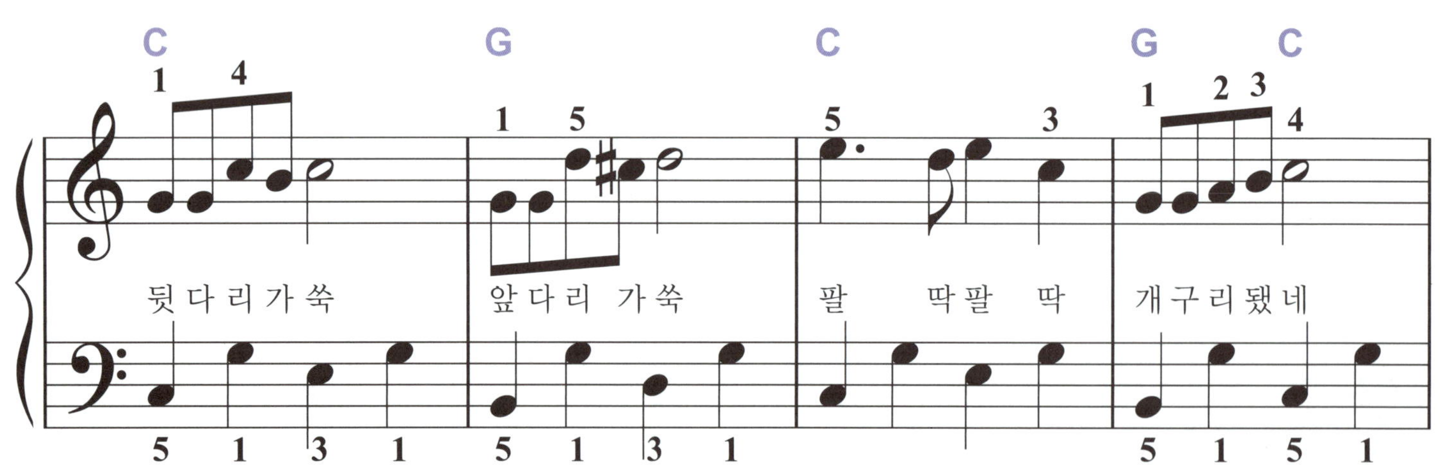

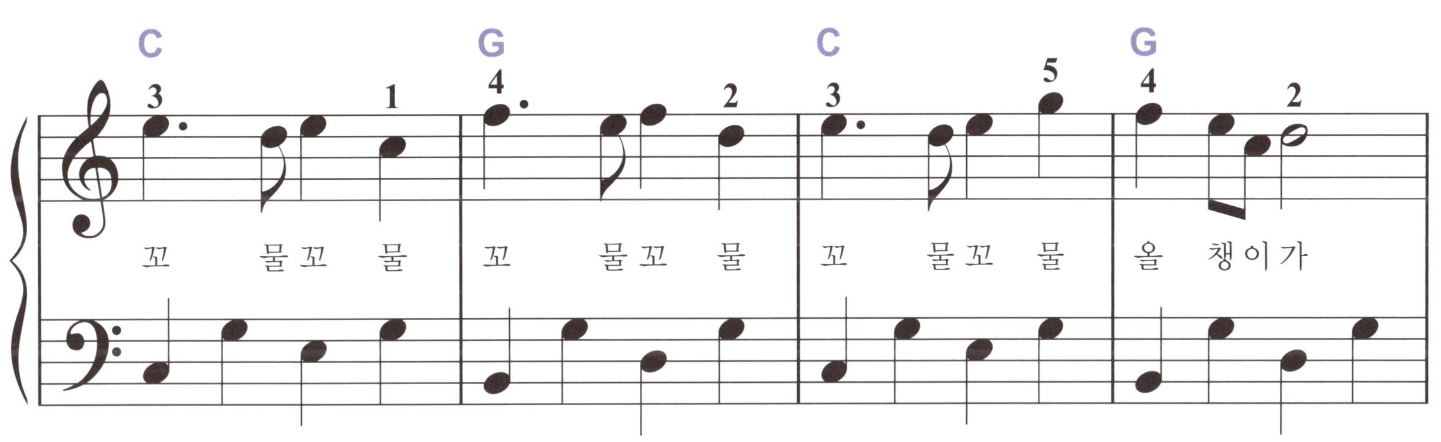
C
G
C
G
꼬 물꼬 물
꼬 물꼬 물
꼬 물꼬 물
올 챙이가

C
G
C
G
C
뒷다리가쑥
앞다리 가쑥
팔 딱팔 딱
개구리됐네

아름다운 세상

박학기 작사, 작곡

Dm C F G7
나 지 막 이 함 께 불 러 요 – 사 랑 의 노 래
C G7 C
를 작 은 가 슴 – 가 슴 마 다 – 고
G7 C G7
운 사 랑 – 모 아 우 리 함 께 – 만
E Am G7 C
들 어 가 요 – 아 름 다 운 – 세 상

결혼 행진곡

R. 바그너 작곡

뽀로로
최종일 작사, 박희준 작곡
C G C G7 C
노 는 게 제일 좋 아 친 구 들 모 여 라
F G7 C Am Dm G
언 제 나 즐 거 워 개 구 쟁 이 뽀 로 로
C G C G C
눈 덮 인 숲속 마 을 꼬 마 펭 귄 나 가 신 다
F G7 C G7 C G C
언 제 나 즐 거 워 오 늘 은 또 무 슨 일 이 생 길 까

엄마 아빠 사랑해요

박상문 작사, 작곡

C G7

나 는 엄 마 를 사 랑 해 요 – 높고 높 은 하 늘 보 다

C C G7

더 높 이 – 나 는 아 빠 를 사 랑 해 요 –

G7 C F

넓고 넓 은 바 다 보 다 더 많 이 – 이 세 상 – 그 누 구

C G7 C

보 다도 – 우 리 – 엄 마 가 제 일 예 뻐 –

F C G7 C

이 세상 – 그누구 보 다도 – 우 리 – 아빠가 제일멋져 –

도레미 송

해머스타인 작사, 로저스 작곡
역사자 미상

C
F
솔 은 작 은 솔 방 울 –
D
G
라 는 라 디 오 고 요 –
E
Am
시 는 졸 졸 시 냇 물 다 –
F
G7
C
함 께 부 르 자 –

밀림으로

김성균 작사, 작곡

치티 치티 뱅뱅

R. 셔먼 작곡

C G7

G7 C

C C7 F

F F♯dim C Am G7 C

벼랑 위의 포뇨

J. 히사이시 작곡

멋쟁이 토마토

김영광 작사, 작곡

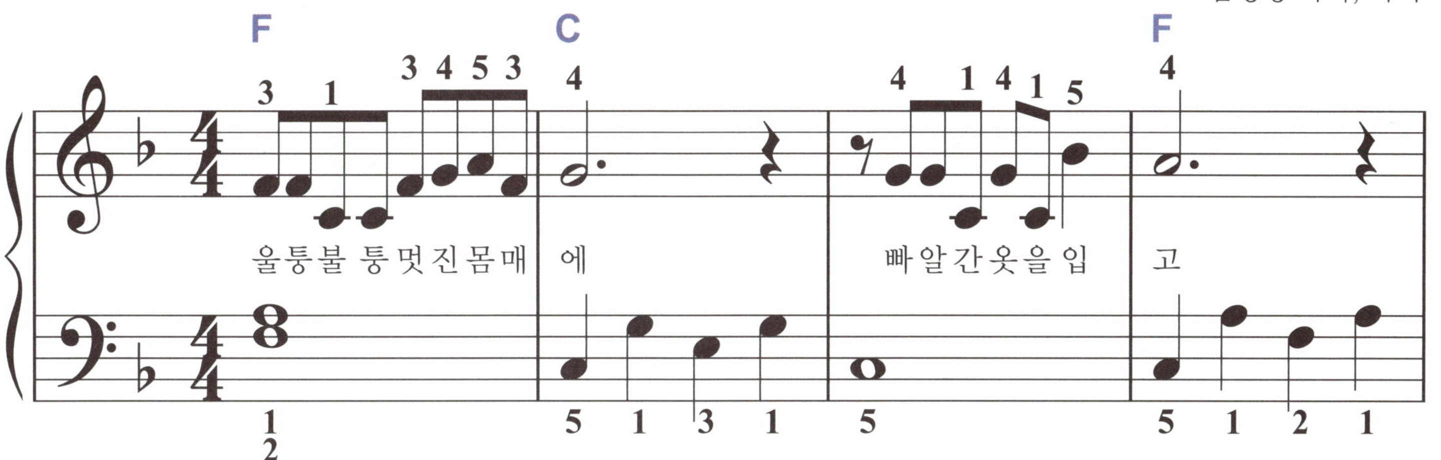
F
C
F
울퉁불 퉁멋진몸매
에
빠알간옷을 입
고

F
C
F
새콤달콤향내풍기
는
멋쟁이토 마
토 토마토

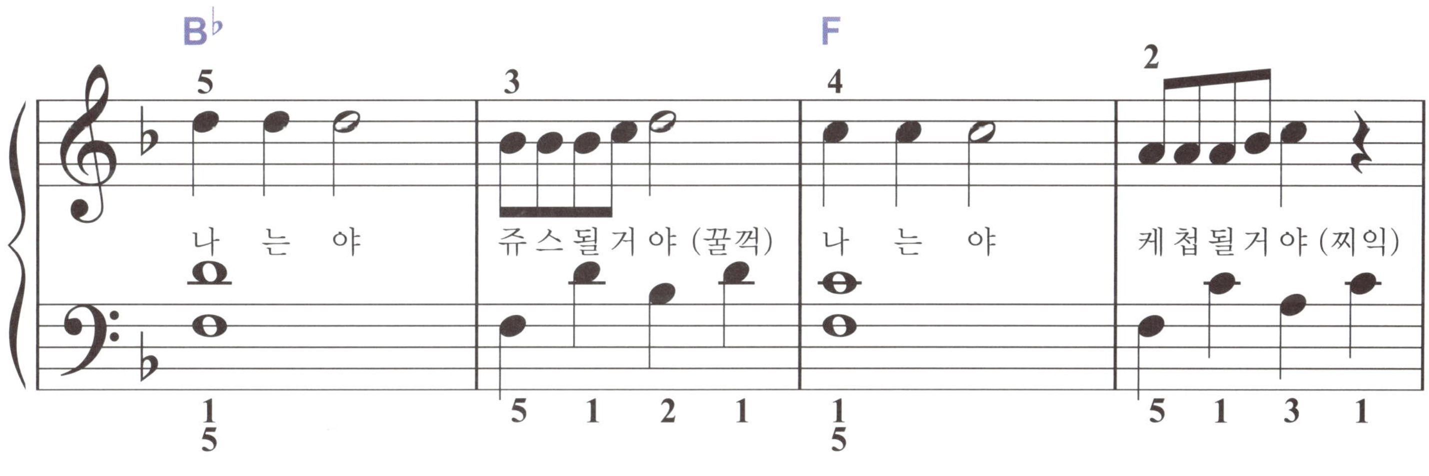
B♭
F
나 는 야
쥬스될거야 (꿀꺽)
나 는 야
케첩될거야 (찌익)

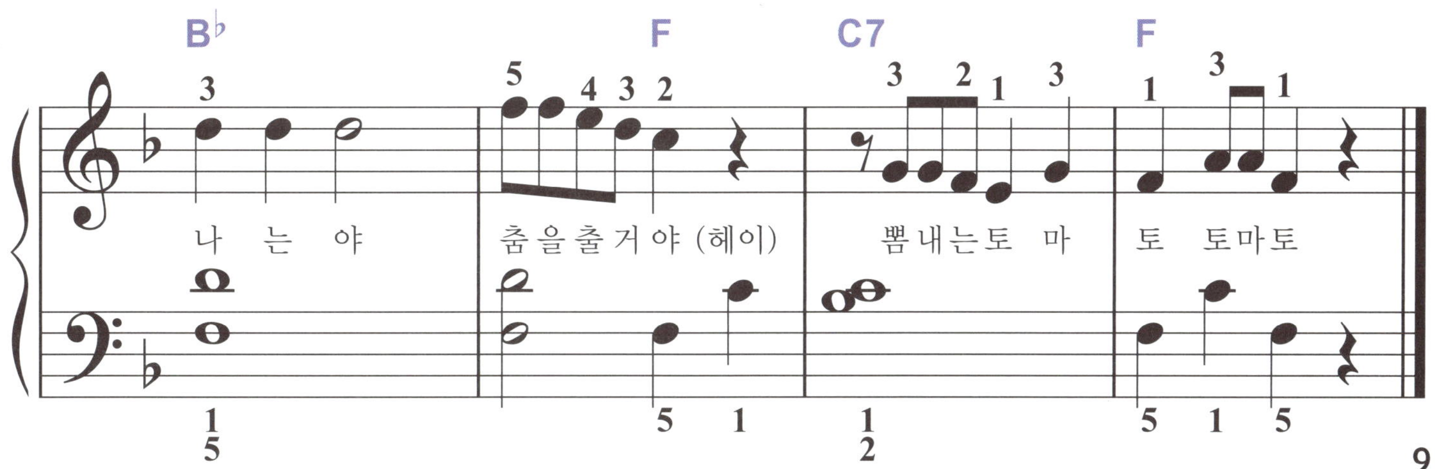
B♭
F
C7
F
나 는 야
춤을출거야 (헤이)
뽐내는토 마
토 토마토

문 리버

H. 맨시니 작곡

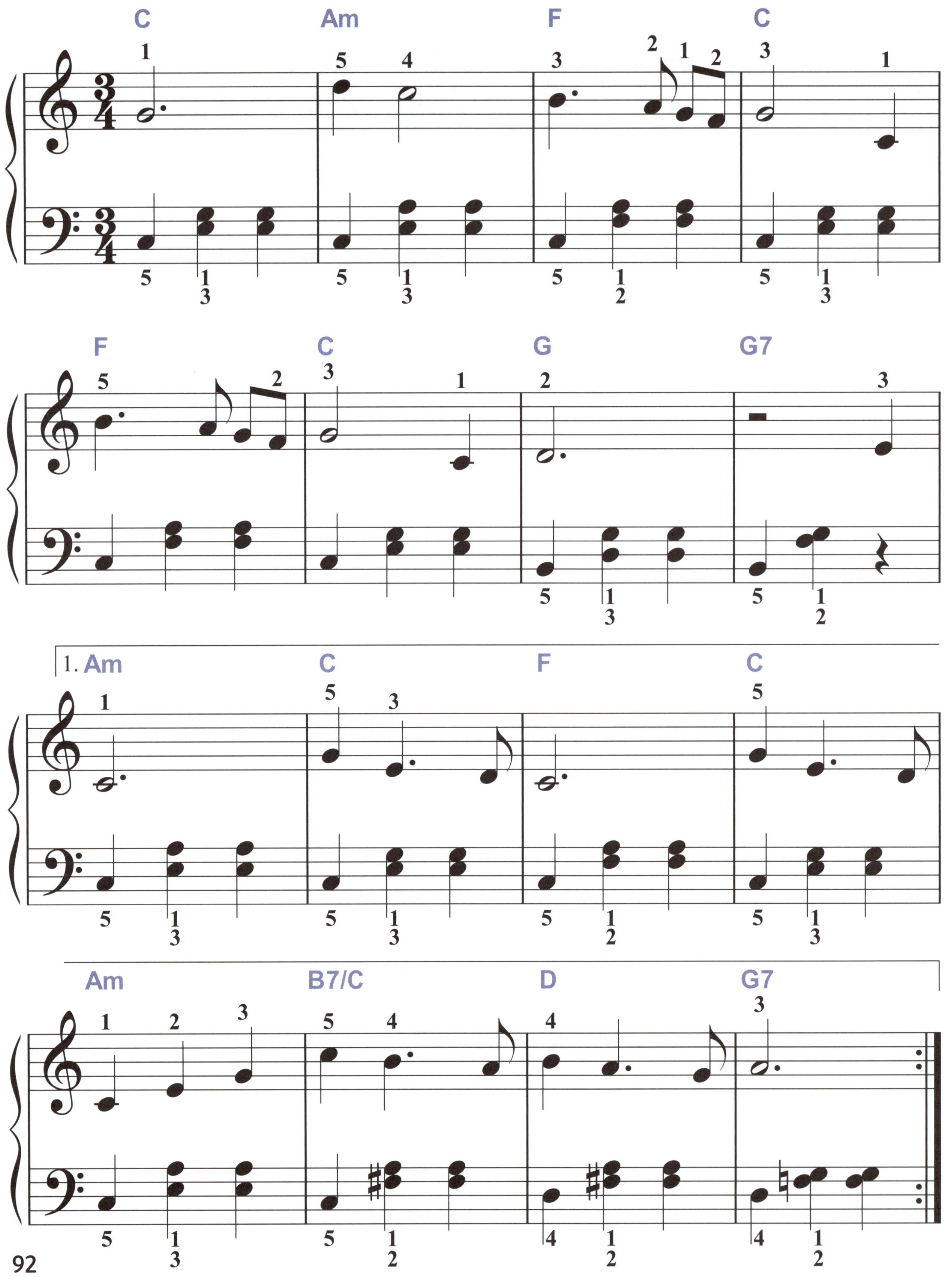

C
Am
F
C
F
C
G
G7
1. Am
C
F
C
Am
B7/C
D
G7

2. Am
C
F♯dim
F
C
F
C
F
C
Am
G7
C

크리스마스에는 축복을

김현철 작사, 작곡

F G Em Am Dm G
내 맘은 – 항상 그대곁에 언제까지 라도 – 영원
G7 C Dm
히 크리스마스에는 축복을
G C
크리스 마스에는 사랑을 당신과만나는
Dm G7 C
그 날을 기 억할 게 요

또 다시

'센과 치히로의 행방불명' OST
J. 히사이시 작곡

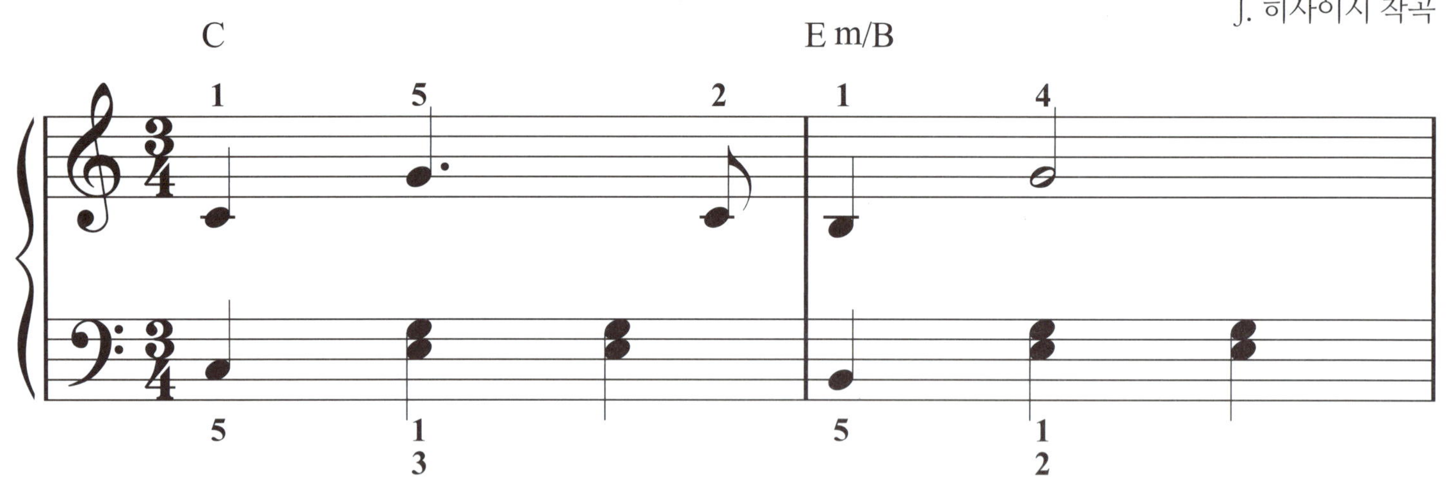

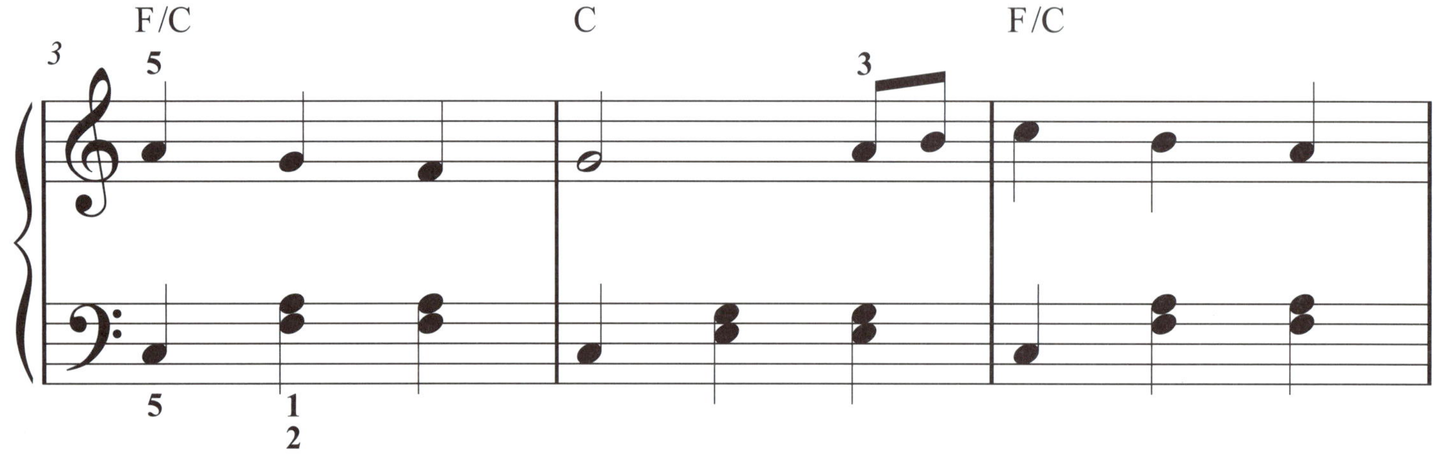

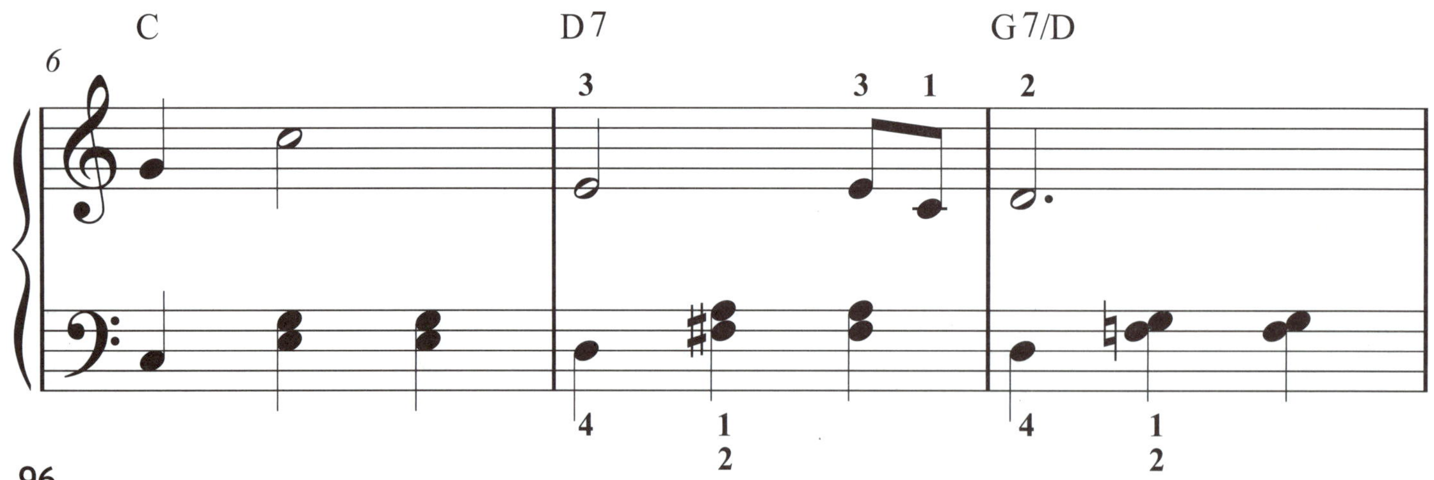

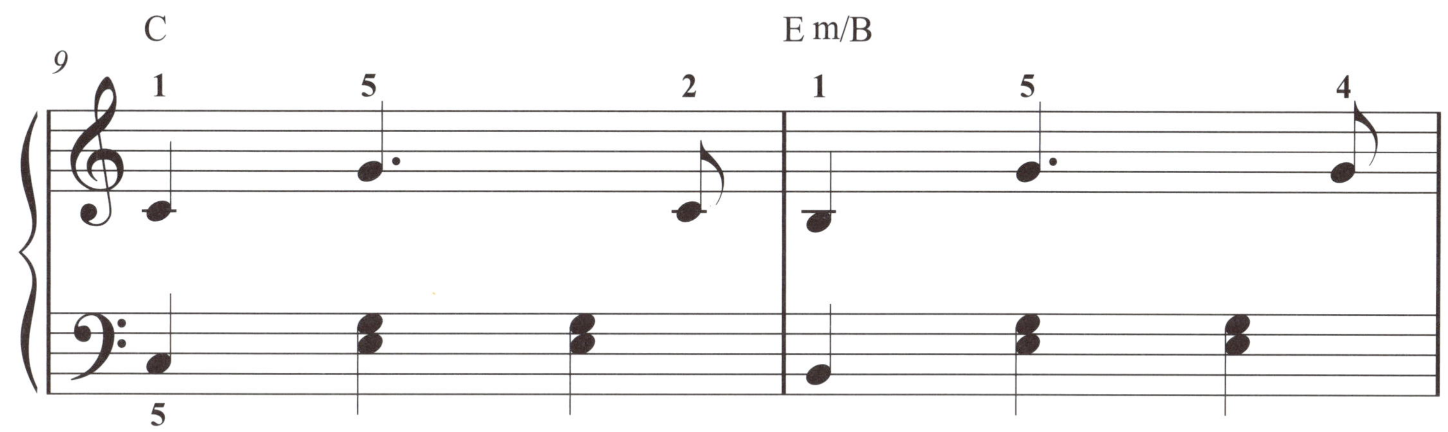
C
E m/B
9
1
5
2
1
5
4
5

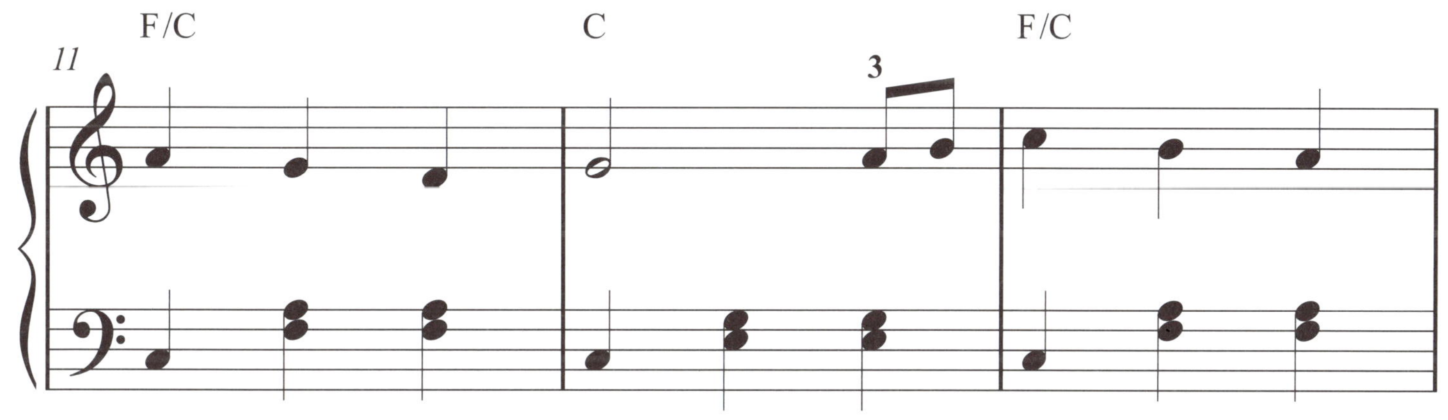
F/C
C
F/C
11
3

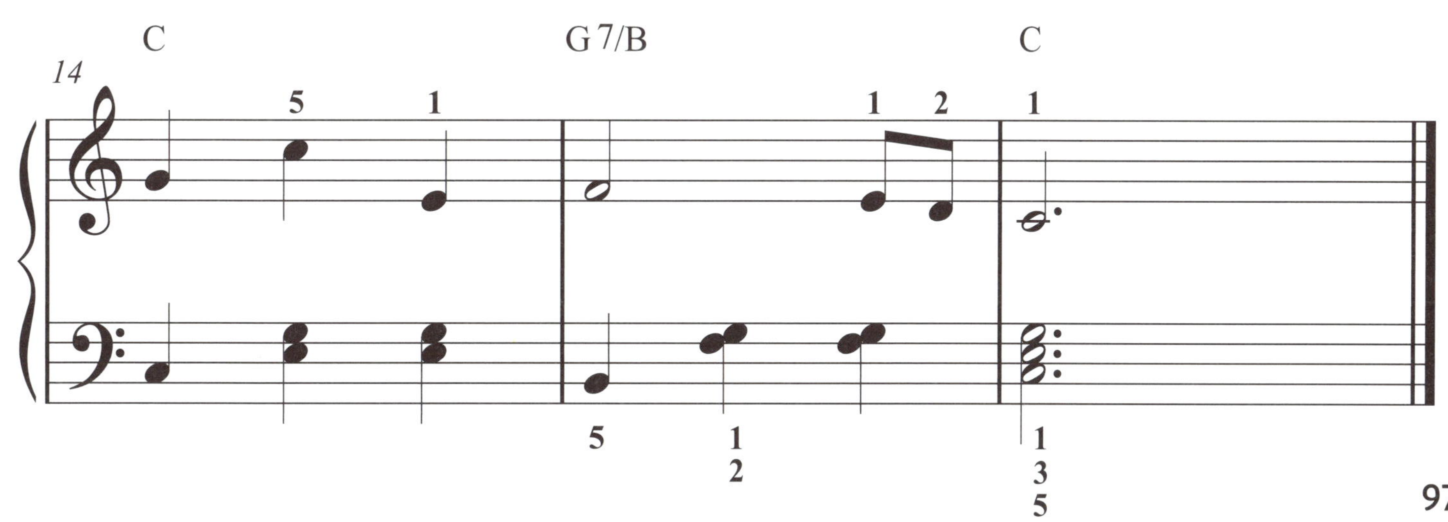
C
G 7/B
C
14
5
1
1
2
1
5
1
2
1
3
5

유 레이즈 미 업

R. 로블랜드 작곡

17
F
B♭
F

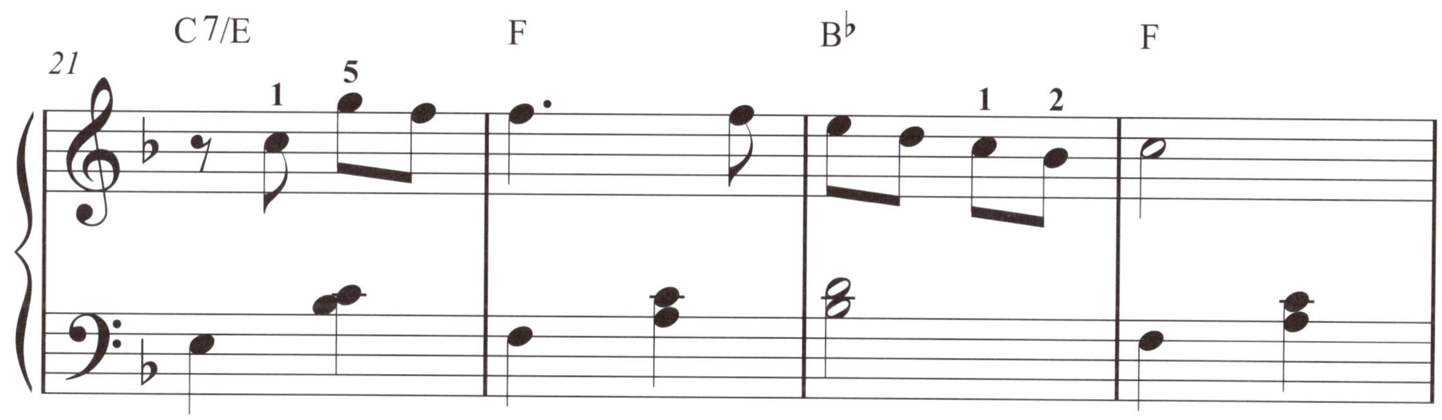
21
C7/E
F
B♭
F

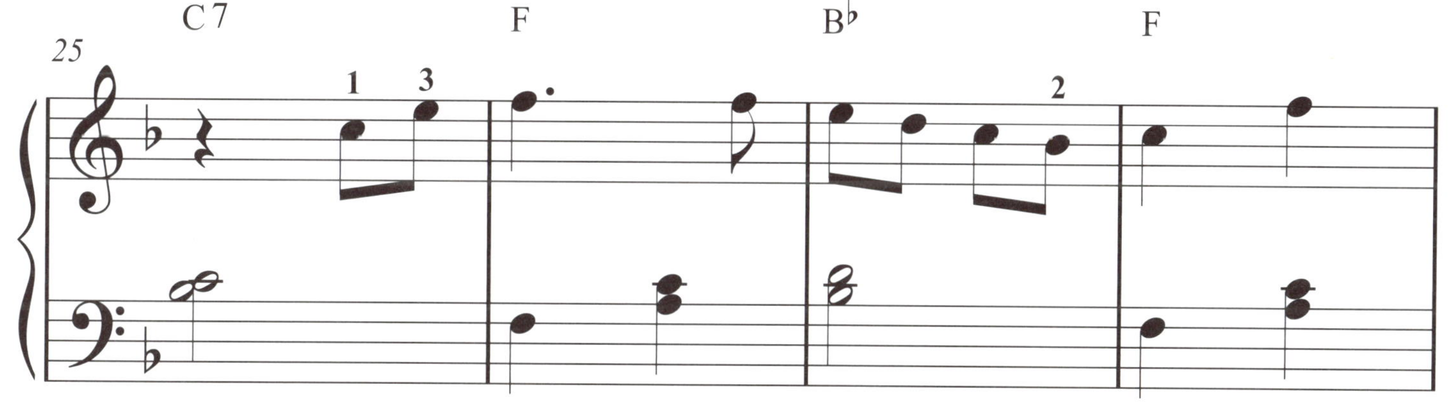
25
C7
F
B♭
F

29
B♭
F
C7/E
F

불꽃

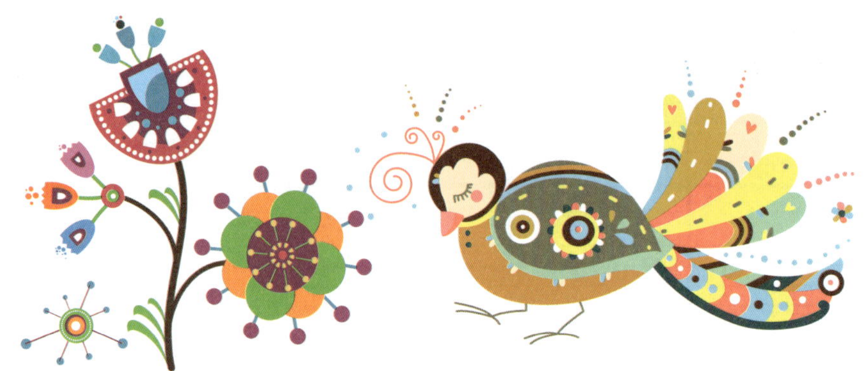

카지우라 유키 작곡

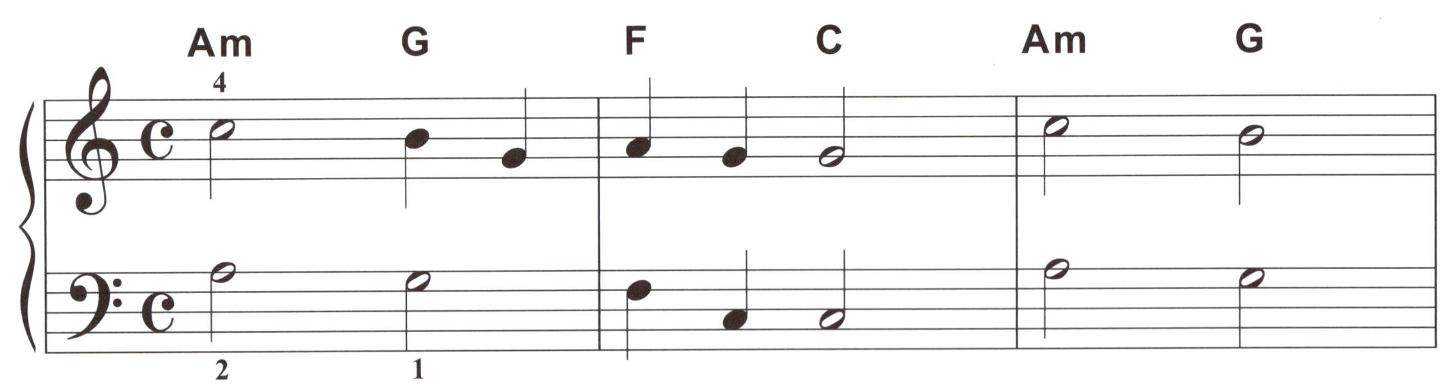

Am
G
F
C
Am
G
4
2
1

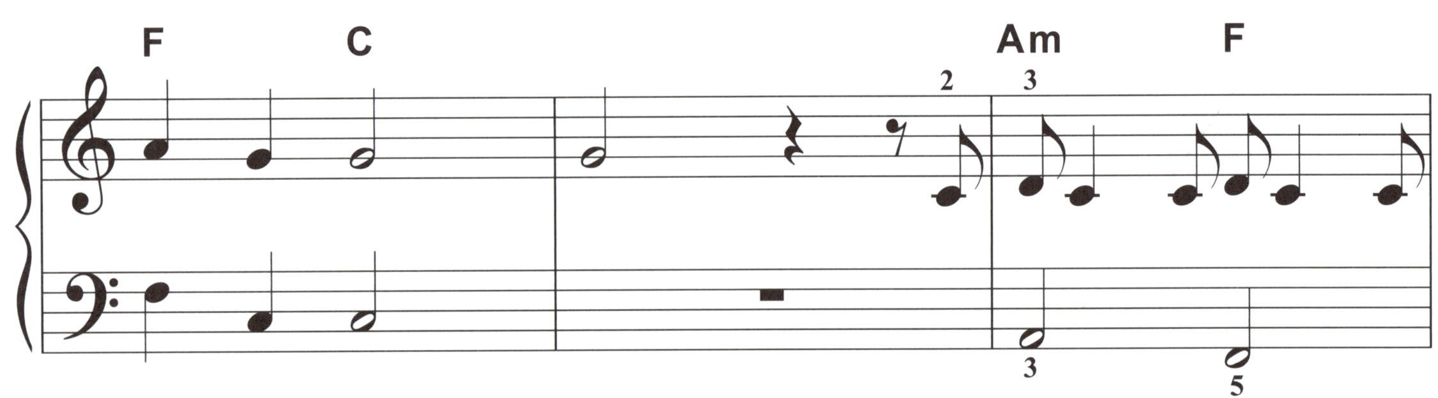

F
C
Am
F
2
3
3
5

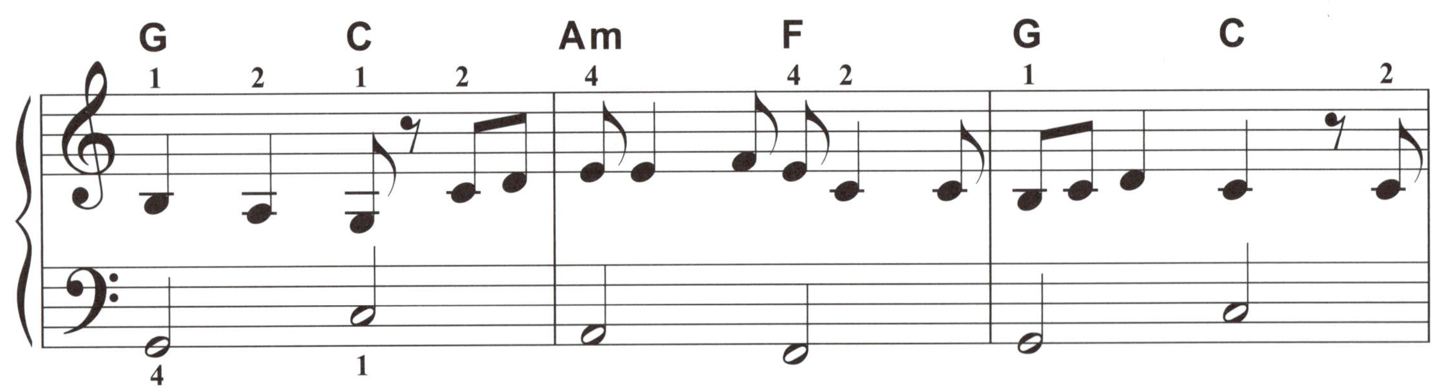

G
C
Am
F
G
C
1
2
1
2
4
4
2
1
2
4
1

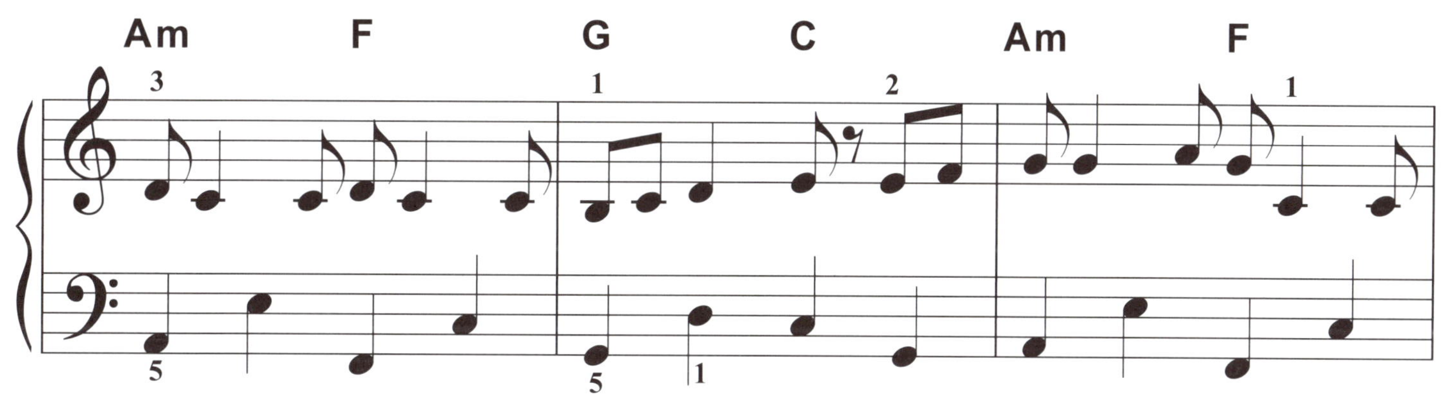
Am F G C Am F
3 1 2 1
5 5 1

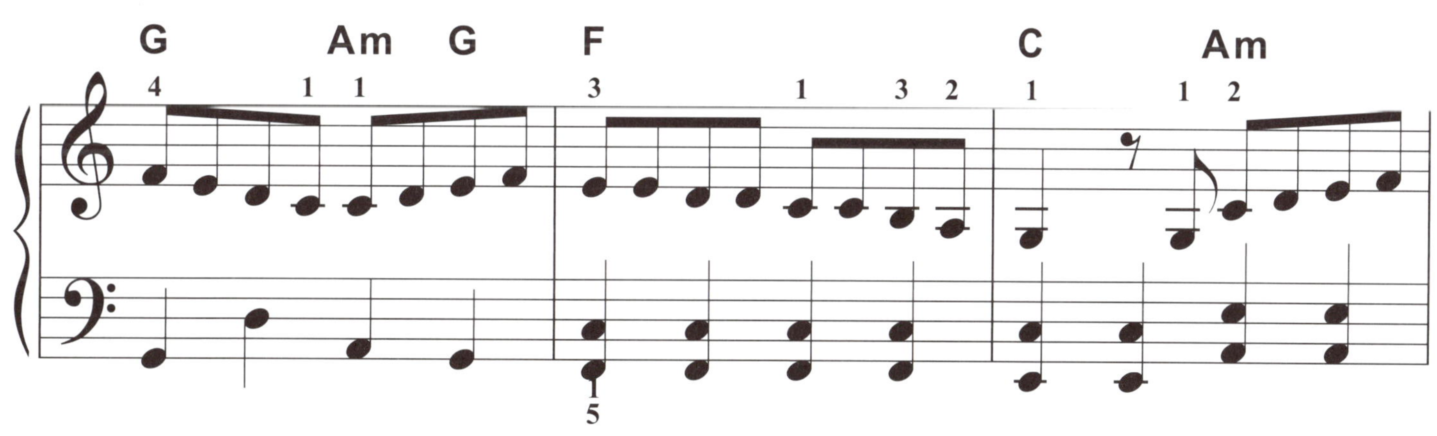
G Am G F C Am
4 1 1 3 1 3 2 1 1 2
5

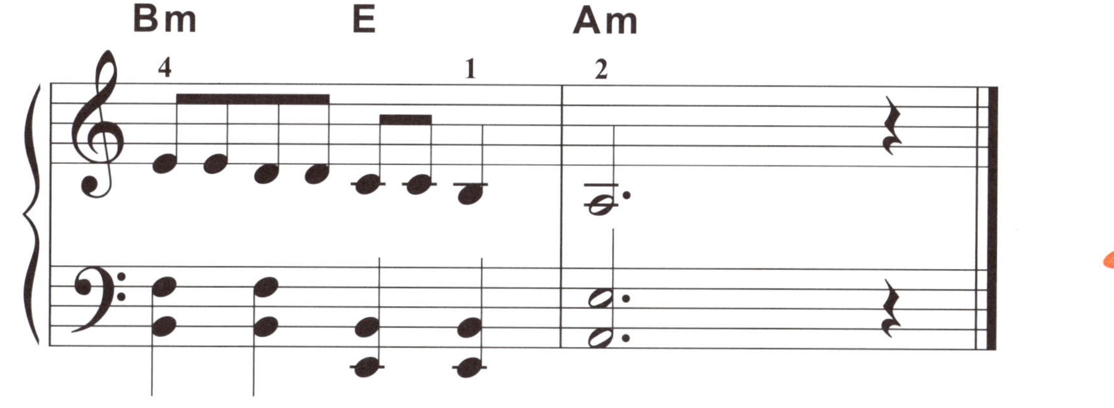
Bm E Am
4 1 2

탄지로의 노래

샤이나 고우 작곡

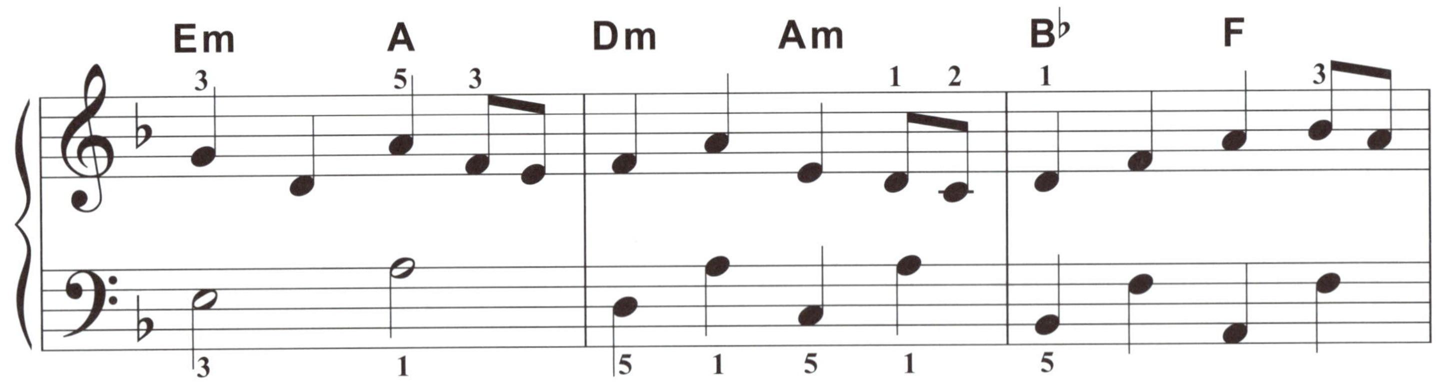

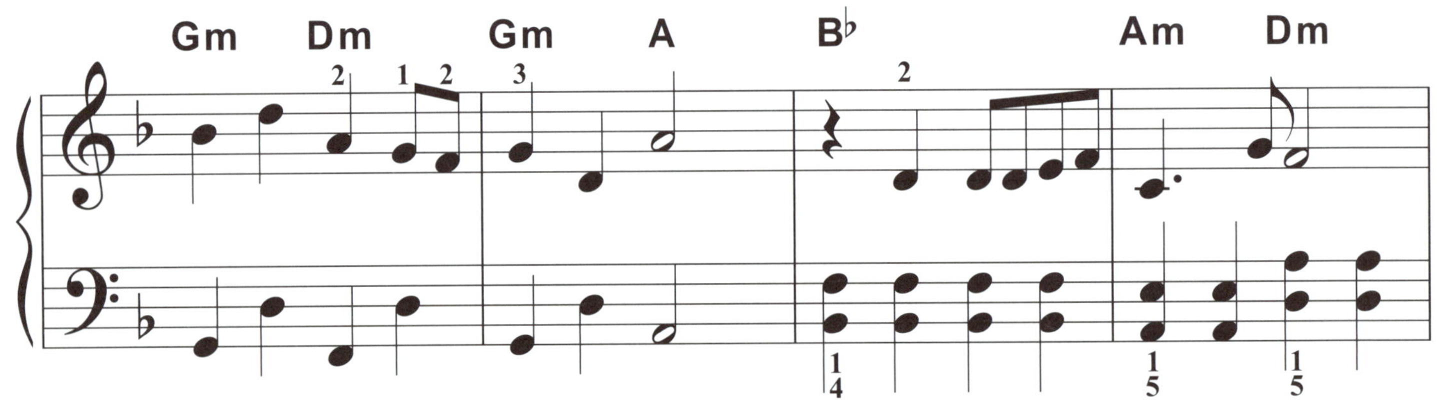

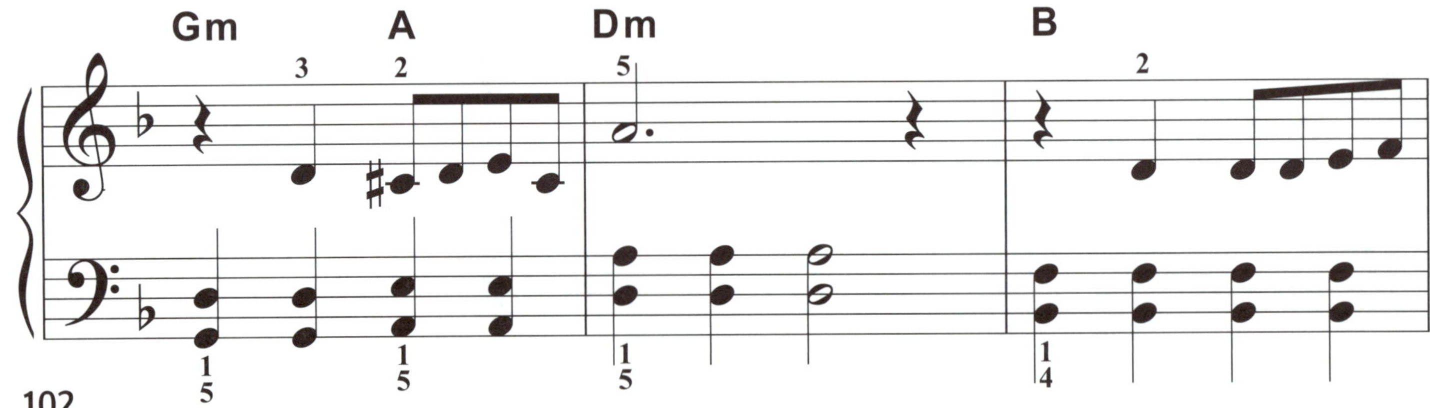

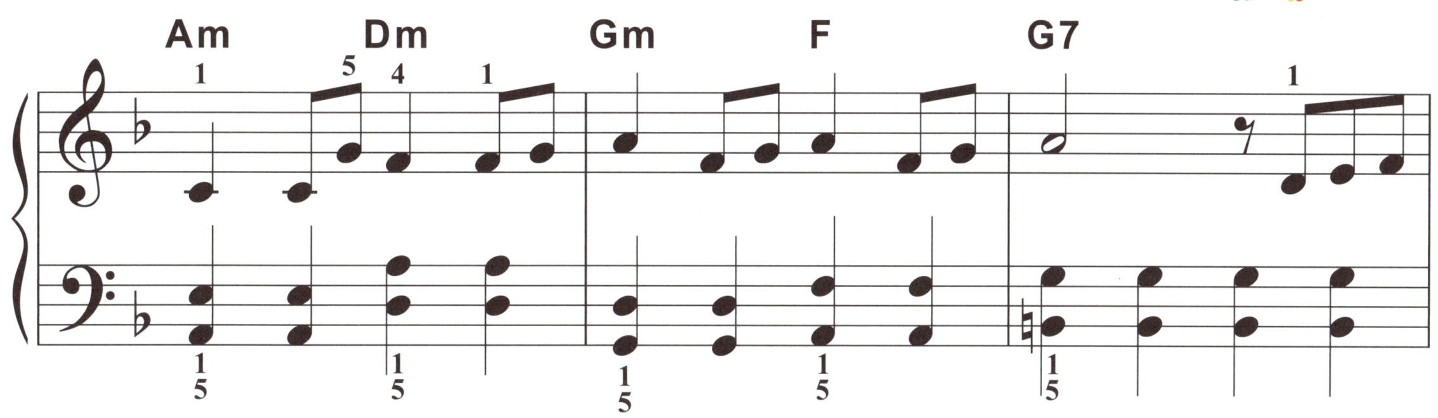
Am Dm Gm F G7

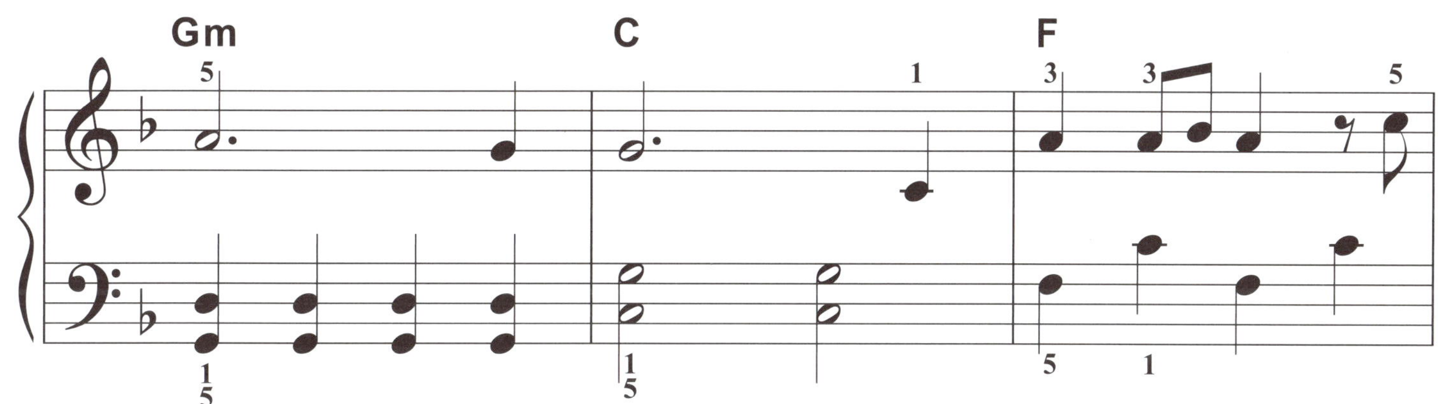
Gm C F

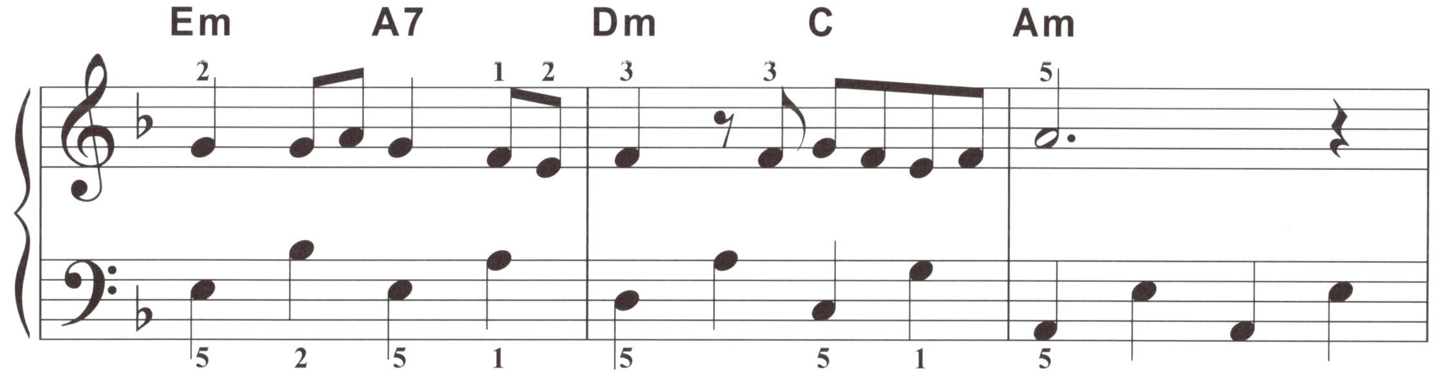
Em A7 Dm C Am

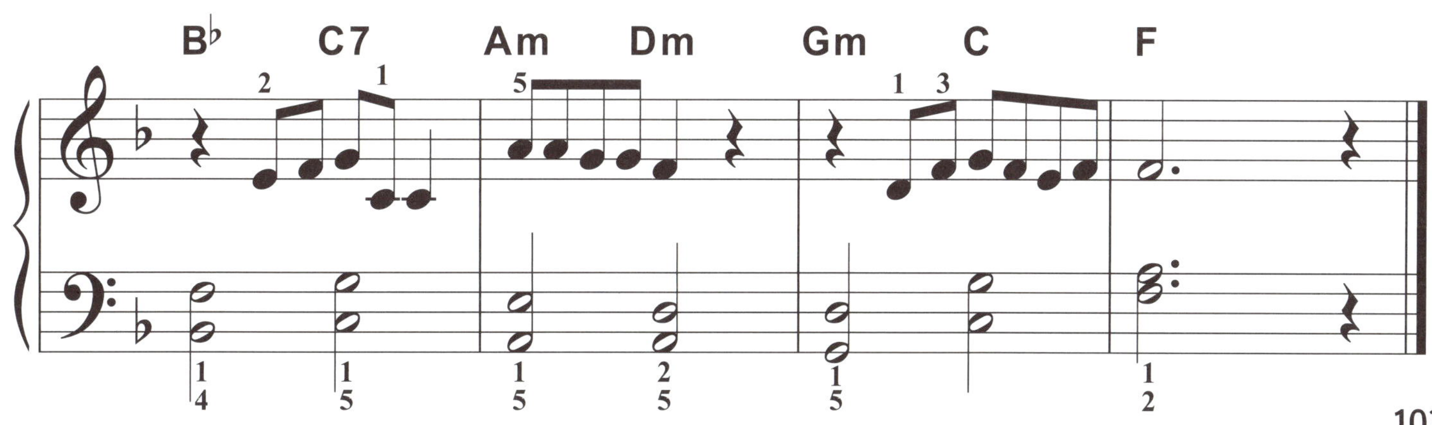
B♭ C7 Am Dm Gm C F

언제나 몇 번이라도

'센과 치히로의 행방불명' OST
기무라 유미 작곡

18
C
Am
23
F
Dm/A
G7/B
27
C
Am
31
F
C/G
G
C

인생의 회전목마

'하울의 움직이는 성' OST
J. 히사이시 작곡

Dm E/B

1 2 3 5

5 1 3 5 1 2

Am/C F/C

4

1 2 3 5

5 1 3 5 1 2

G7/B C

7

1 2 3

5 1 2 5 1 3

F♯m7-5/C G/B Em

10

1. 5 4

5 1 2 5 1 3 5

13
G/D
C
B m
16
E sus4
E
F♯m7-5/C
2.
19
B 7/F♯
E m
G
22
C
B 7
E

아이 윌

'러브 어페어' OST
J. 레논, P. 맥카트니 작곡

F/C
G7/B
C
13
1.
3
2
1
2
C
C
16
2.
1
2
5
F/C
G7/B
C
19
3
1
2
1
2
C
22
1
5

오버 더 레인보우

'오즈의 마법사' OST
H. 알렌 작곡

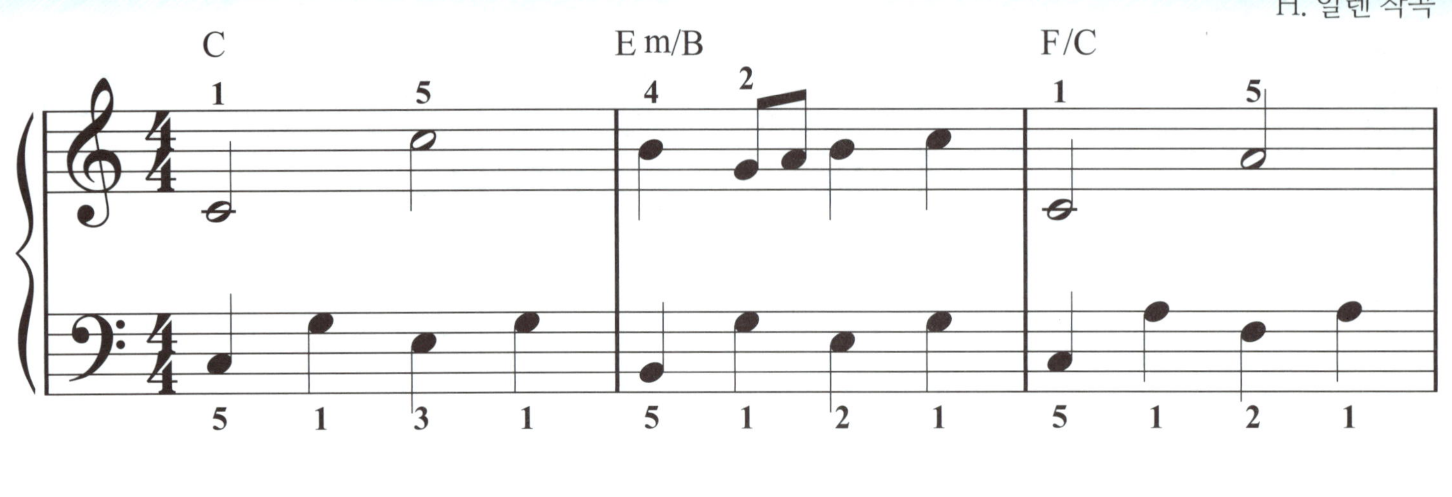

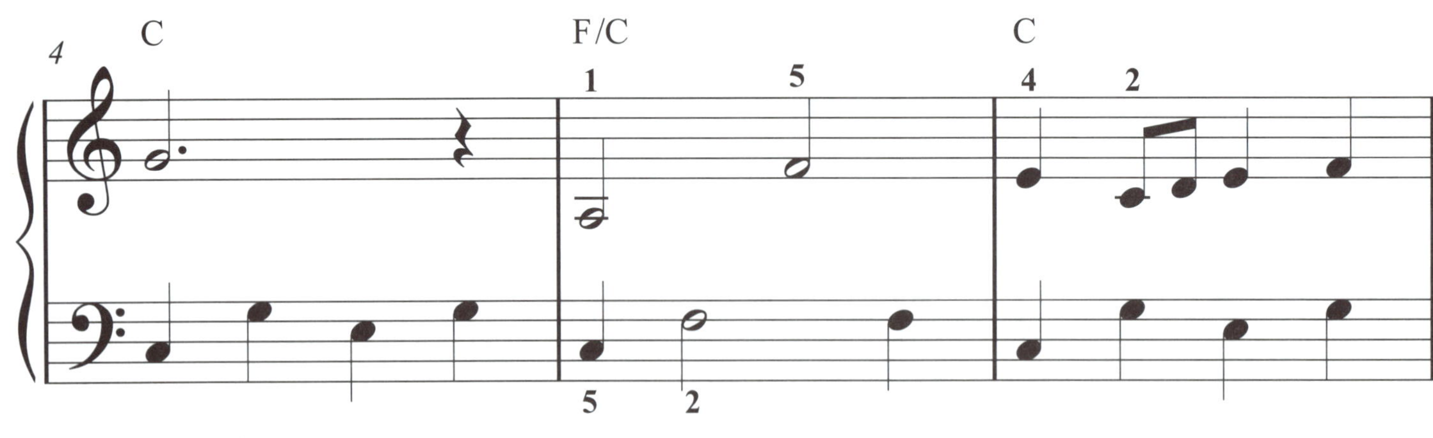

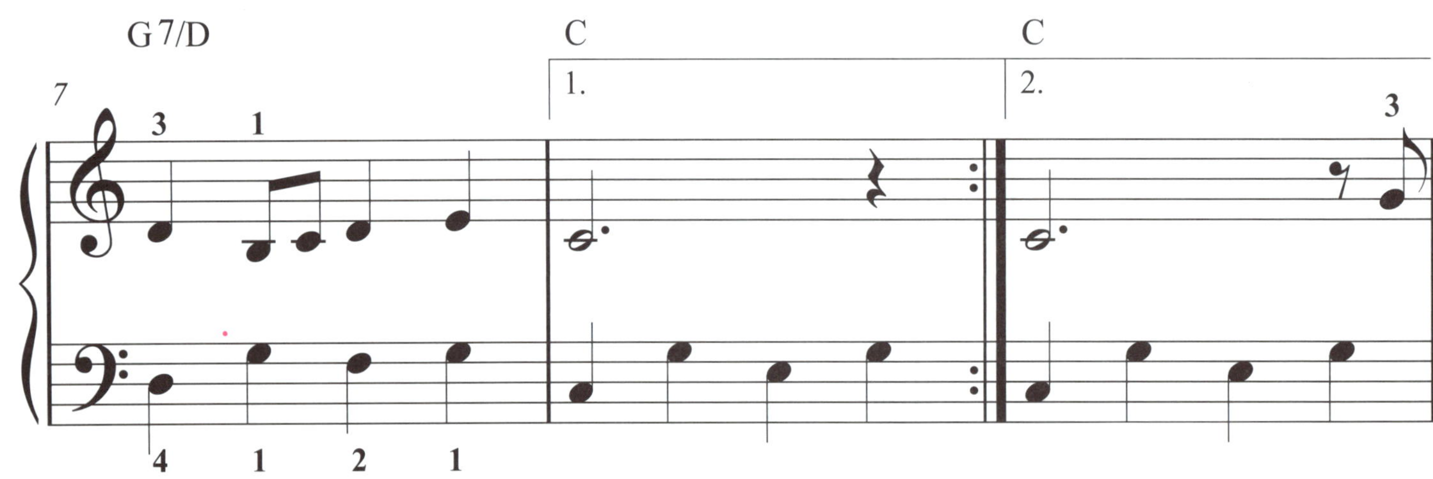

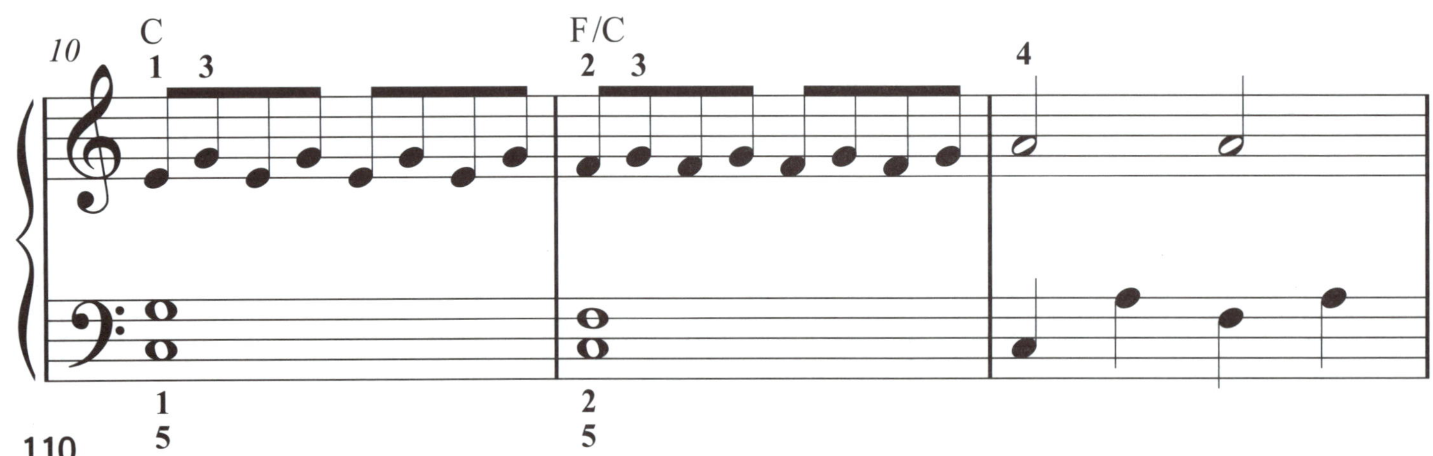

13 G 7/D　　C　　D

3　　2 4

4　　1 5　　2 4

16 G 7/D　　G 7/B　　C

5　3　　5　2　　1　5

4　　5　1　2　1

19 E m/B　　F/C　　C

1　5

5　1　2　1　　5　1

22 F/C　　C　　G 7/D　　C

1　5　　3

5　2

발행일 2026년 6월 25일
발행인 남 용
발행처 일신서적출판사
주 소 서울시 마포구 독막로 31길 7
등 록 1969년 9월 12일 (No. 10-70)
전 화 (02) 703-3001~5 (영업부)
(02) 703-3006~8 (편집부)
F A X (02) 703-3009
ISBN 978-89-366-2921-2 (93670)

이 책에 수록된 곡들은 저작권료를 지급한 후에 제작, 출판하였으나 일부의 곡은 저작자 또는 저작권 대리권자에 대한 부분을 여러 매체나 기관을 통해 알아보려고 노력을 하였으나, 해당 곡에 대한 저작자 및 저작권 대리권자에 대한 부분을 찾지 못하였음을 알려드립니다.
저작자 및 저작권 대리권자께서 본사로 연락을 주시면 추후 곡의 사용에 대한 저작권법 및 저작자 권리단체의 규정에 따라 조치를 취할 것을 약속 드립니다.
저작자의 권리는 존중되어야 합니다.
부득이 저작권자의 승인없이 저작물을 사용하게 되어 대단히 죄송합니다.

www.ilsinbook.com